现代汉语词汇：
系统与类聚

许晓华 ◎ 编著

首都经济贸易大学出版社
Capital University of Economics and Business Press
·北京·

图书在版编目（CIP）数据

现代汉语词汇：系统与类聚／许晓华编著. -- 北京：首都经济贸易大学出版社，2024.3

ISBN 978-7-5638-3646-8

Ⅰ.①现… Ⅱ.①许… Ⅲ.①现代汉语-词汇-研究 Ⅳ.①H136

中国国家版本馆 CIP 数据核字（2024）第 026671 号

现代汉语词汇：系统与类聚
XIANDAI HANYU CIHUI：XITONG YU LEIJU
许晓华　编著

责任编辑	胡　兰
封面设计	砚祥志远·激光照排　TEL：010-65976003
出版发行	首都经济贸易大学出版社
地　　址	北京市朝阳区红庙（邮编 100026）
电　　话	（010）65976483　65065761　65071505（传真）
网　　址	http：//www.sjmcb.com
E - mail	publish@ cueb.edu.cn
经　　销	全国新华书店
照　　排	北京砚祥志远激光照排技术有限公司
印　　刷	北京建宏印刷有限公司
成品尺寸	170 毫米×240 毫米　1/16
字　　数	233 千字
印　　张	14.25
版　　次	2024 年 3 月第 1 版　2024 年 3 月第 1 次印刷
书　　号	ISBN 978-7-5638-3646-8
定　　价	58.00 元

图书印装若有质量问题，本社负责调换
版权所有　侵权必究

前　言

从第二语言词汇习得视角看现代汉语词汇的系统性

词汇和语法是语言学习的两个主要方面。就任何一种语言而言，词汇与语法在规则性与系统性方面存在明显差异。语法规则相对固定，且数量有限，规则性与系统性相对较强。词汇则数量庞大且处在不断变化中，新词产生，旧词消亡，词汇更替、词义演变随时都在发生，规则性与系统性相对较弱。

即便如此，词汇的系统性与规则性依然存在，词汇系统内部并非杂乱无章，其内部成员之间依然凭借各种各样的联系，形成一个个词语类聚，不同词语类聚相互关联，共同构成一个条理清晰、层次分明的结构体。就词汇习得而言，了解词汇的系统性与规则性是十分必要的。首先，学习者可以借助规则将头脑中一个个看似独立的词汇串联起来，各自归类，分别存储，从而方便相应词汇的识别、记忆与存储。其次，学习者可以借由造词方式、构词规则、词义发展路径、词义关联方式等，了解该语言的词汇系统概貌，从而加深对所学语言的词汇特色和文化特异性的认识。

从第二语言词汇习得角度来看，现代汉语词汇的系统性主要表现在以下四个方面。

一、从音义结合方式看现代汉语词汇的系统性

语言中的词语都由声音和意义两部分构成。不知你是否思考过这样两个问题：第一，词的声音和意义的结合是任意的，还是有一定理据的？第二，如果词语的音义结合是任意的，你该怎么记住这些词，怎么学习新词语呢？如果不是任意的，你该怎么记住这些词，怎么学习新词语呢？

事实上，关于词语的音义关系问题，人们的看法曾存在很大差异。有人认为，词语的声音和意义是任意结合的，用哪个声音表示哪种意义、指称哪

种事物，是人们约定俗成的产物。因此，不同语言中指称相同事物的词语是不同的，比如：汉语说"书"，英语说 book；汉语说"水"，英语说 water。也有人认为，词语的声音和意义不是任意结合的，而是有一定理据的。也就是说，用哪个音表示哪种意义、指称哪种事物，是有一定理由的，是可以讲出某些道理的，比如：汉语中的"猫""蛙""鸦"分别指称三种动物，词语音义结合，与动物的叫声直接相关。汉语把 Milky Way 称为"银河"，是因为中国人觉得那些由无数星星聚集而成的带状物，看起来像一条白色的河。"方桌"指称表面是方形的桌子，"洗衣机"指称用来洗衣服的机器，两个词语音义结合的理据也都是显而易见的。

事实上，无论是汉语还是其他语言，词汇的音义结合关系都可以分为两种情况：一种是任意的，另一种是有理据的。一般来说，一种语言中最早产生的那些词汇，其音义结合大都是任意的，基本没有什么理据性可言；后来，为了满足表达的需要，词汇数量不断增多，词汇的理据性、系统性也在不断增强，就很少产生音义任意结合的词语了。

了解了现代汉语词汇的这个特点，或许就能想到，不管是母语学习者还是第二语言学习者，都应该采用不同的方法来学习这两种不同类型的词语。对于那些音义任意结合的词语，只能一个一个直接记忆，不用问为什么；而对于那些音义结合具有明显理据的词语，则可以问问为什么。这样既方便单个词语的学习和记忆，也可以把具有相同理据的一类词语放在一起，一下子记住一组词语。比如，"书桌""餐桌""办公桌"都因用途不同而得名，"方桌""圆桌"都因形状不同而得名，五个词语具有相同的构词成分"桌"，且构词方式相同，都是"修饰语+中心语"形式，因此可以放在一起整体记忆。

二、从造词与构词方式看现代汉语词汇的系统性

从造词角度来看，人们为新事物命名时，往往会借助汉语语音材料、词汇材料以及修辞手段来创制新词。不同造词方式产生的词语，各自构成相应的词语类聚，因而，现代汉语词汇系统以一个个规则结构体的样貌呈现在人们眼前。比如，采用说明法造词的复合词，往往用相同的构词成分来表明类属，用不同的构词成分表明词义差异。"售货员""售票员""营业员""管理员""快递员""外卖员"等，其中的相同构词成分"员"，表明它们都指称从事某项职业的一类人；而不同构词成分则表明其各自的职业差异。"水费"

"车费""学费""住宿费""管理费""停车费"等，其中的相同构词成分"费"，表明它们都指称用于某个方面的费用；而不同构词成分则表明其各自的用途差异。"×+员""×+费"也因此成为汉语中能产性很高的构词模式。

从构词角度来看，汉语词汇数量众多，但构词方式却相对固定。具有相同构词方式的词语，也各自构成相应的词语类聚，体现出汉语词汇的系统性。同时，具有相同构词方式的词语，往往具有相同的句法功能，比如偏正式复合词"树叶""篮球""红旗"，结构方式都为"一偏一正"，后一成分"叶""球""旗"为中心成分，表明其指称对象为某种事物，整词词性为名词。动宾式复合词"动员""担心""负责""留意""毕业""吃亏""吹牛"，结构方式为"前动后宾"，都为离合式动词，两个构词成分中间可以插入其他成分，如"担什么心""吃一点儿亏"。

总之，了解词汇的造词方式和构词方式，学习者就可以在词汇习得、记忆和存储方面举一反三，从而大大提高词汇习得效率。

三、从词义发展与词义关联看现代汉语词汇的系统性及其文化特质

像很多语言一样，汉语中存在大量多义词。多义词各个意义之间往往具有某种联系，共同构成一个意义集合体。汉语多义词的词义发展方向和发展路径是有规律可循的，一般来说，多义词的基本义往往是具体的，由基本义发展出来的新义则往往较为抽象，由具体到抽象即是词义发展的一般规律。在这种一般规律的基础上，又发展出一些更为具体的词义发展规律。比如，指称方位的名词往往由空间义发展出时间义，如"前""后""上""下"等；"翻译""编辑""导游"等词语，由指称某种动作行为发展到指称行为主体（即以此为业的人），都是汉语词义发展系统性的体现。更为重要的是，不同语言多义词词义发展的方向和路径有同有异，体现出一定的文化特异性。

很多词语除了概念义之外，还具有联想义，尤其是动物词语和颜色词语。词语的联想义往往蕴含着丰富的文化信息，比如中国人喜欢红色，因为红色具有顺利、喜庆的联想义。

有些词语类聚是以词义之间的相关性作为联系纽带的，同义词聚在一起构成同义词汇场，反义词聚在一起构成反义词汇场，具有整体部分关系的词聚在一起构成整体-部分词汇场。

比喻造词是汉语中一种重要的造词方式，人们借助新旧事物之间的相似性来为新事物命名，其思维基础是相似性联想。不同语言的比喻造词都与人们各自的文化传统、思维习惯等密切相关。汉语中的比喻造词，人们主要关注不同事物之间在颜色、形状、功能、性质、动态等方面的相似性。比如，"大海""火海""人海""云海"具有相同的构词成分"海"，是因为中国人关注到这些事物具有相似的性质，即都是连成一片的（事物）。

总之，从词义发展与词义联系来看，现代汉语词汇的系统性与规则性依然明显，其中蕴含的文化信息也十分丰富。

四、从同近义词语的差异看现代汉语词汇的系统性

同近义词语混淆，一直是第二语言词汇习得者需要面对的重要问题。实际上，无论是实词还是虚词，相同类型的汉语同近义词之间的差异，具有明显的共性特征，是有规律可循的。比如，汉语亲属称谓名词之间往往具有面称与背称的差异，"爱人""妻子""丈夫""外祖父""外祖母"都不能用来当面称呼对方，只能用于背称；而"老公""老婆""姥姥""姥爷"则可以用来直接称呼对方。

因此，关注不同类型同义词的辨析视角，尤其是比以往更为细化的辨析视角，便能起到举一反三、提纲挈领的效果。

本书旨在从第二语言学习者词汇习得的视角来审视、思考现代汉语词汇的系统性，在对相关研究成果融会贯通的基础上，以生动的语言、丰富的用例、细致翔实的分析来呈现汉语词汇的系统样貌。主体内容分为三个部分：

第一部分，现代汉语词汇概貌。介绍现代汉语词汇的构成、现代汉语词汇的造词方式、现代汉语词汇的构词方式等内容，引导学习者从形式层面观察不同的词语类聚，了解现代汉语词汇的系统样貌。

第二部分，现代汉语词汇的文化特质。介绍汉语多义词词义发展的方式和路径、现代汉语词汇联想义中的文化信息、现代汉语主要词汇场及其特点、汉语名词的比喻造词等内容，旨在引导学习者从意义层面观察汉语的词语类聚，了解现代汉语词汇的词义系统性，并在此基础上从词汇层面体悟其中蕴含的文化信息及中国文化的鲜明个性。

第三部分，现代汉语同义词的辨析视角。从学习者的学习难点和实际需求出发，在吸纳已有研究成果的基础上，系统介绍汉语指人同义名词、汉语单双音同义名词、汉语同义动词、汉语易混虚词的辨析视角，旨在引导学习者掌握汉语同近义词的辨析视角及其共性特征，将学习者对同义词的关注由个体提升到词语大类，由感性认识发展到理性思考。

目 录

第一编　现代汉语词汇系统概貌

第一讲　现代汉语词汇系统的构成（上） …… 3
　第一节　现代汉语词汇的数量 …… 3
　第二节　现代汉语词汇系统中的基本词汇 …… 6
　第三节　现代汉语词汇系统中的一般词汇 …… 8
　小结 …… 14

第二讲　现代汉语词汇系统的构成（下） …… 15
　第一节　成语 …… 15
　第二节　惯用语 …… 18
　第三节　谚语 …… 21
　第四节　歇后语 …… 25
　第五节　专门用语与习用套语 …… 28
　小结 …… 29

第三讲　现代汉语词汇的生成方式 …… 30
　第一节　音义任意结合造词 …… 31
　第二节　借助语音材料造词 …… 31
　第三节　借助词汇材料造词 …… 34
　第四节　借助修辞手段造词 …… 48
　小结 …… 49
　补充资料　汉语"+儿"/"+子"造词及其异同 …… 51

第四讲　现代汉语词汇的结构方式 ····················· 53
第一节　从语音角度看汉语词汇的结构方式 ················ 53
第二节　从构成成分的数量看汉语词汇的结构方式 ············ 55
第三节　从构成成分的性质看汉语词汇的结构方式 ············ 56
第四节　从构成成分的组合方式看汉语词汇的结构方式 ········· 59
小结 ··· 66
补充资料　汉语中重叠形式的功能与作用 ·················· 67

第二编　汉语词汇的文化特质

第五讲　现代汉语中的多义词 ······················· 73
第一节　多义词产生的原因 ······················· 74
第二节　多义词产生的方式 ······················· 76
第三节　多义词义项之间的关系类型 ·················· 87
第四节　一词多义和一词多类 ····················· 88
小结 ··· 90
补充资料　汉语多义词与同音词、同形词的区别 ·············· 91

第六讲　现代汉语词义中的文化信息 ···················· 93
第一节　汉语颜色词语中的文化信息 ·················· 94
第二节　汉语动物词语中的文化信息 ·················· 97
第三节　汉语同类词语词义发展中的文化信息 ············· 101
小结 ·· 102
补充资料　英汉颜色词和动物词的联想义比较 ·············· 102

第七讲　现代汉语中的词汇场 ······················ 105
第一节　汉语同义词汇场 ······················· 105
第二节　汉语反义词汇场 ······················· 109

　　　　第三节　汉语整体-部分词汇场 …………………………… 114
　　　　小结 …………………………………………………………… 117

第八讲　现代汉语名词的比喻造词 ……………………………… 119
　　　　第一节　比喻造词中名词的属性义及其主要类型 …………… 119
　　　　第二节　构件类名词的比喻造词 ……………………………… 121
　　　　第三节　自然物类名词的比喻造词 …………………………… 132
　　　　第四节　动物类名词的比喻造词 ……………………………… 139
　　　　第五节　常见植物类名词的比喻造词 ………………………… 145
　　　　第六节　人工物类名词的比喻造词 …………………………… 150
　　　　第七节　指人类名词的比喻造词 ……………………………… 156
　　　　小结 …………………………………………………………… 162

第三编　现代汉语同近义词的辨析视角

第九讲　现代汉语指人同义名词的辨析视角 …………………… 165
　　　　第一节　关于指人同义名词 …………………………………… 165
　　　　第二节　指人同义名词的词义差异 …………………………… 166
　　　　第三节　指人同义名词的色彩差异 …………………………… 170
　　　　第四节　指人同义名词的用法差异 …………………………… 173
　　　　小结 …………………………………………………………… 175

第十讲　现代汉语单双音同义名词的辨析视角 ………………… 177
　　　　第一节　关于单双音同义名词 ………………………………… 177
　　　　第二节　单双音同义名词的词义差异 ………………………… 178
　　　　第三节　单双音同义名词的色彩差异 ………………………… 182
　　　　第四节　单双音同义名词的搭配组合差异 …………………… 184
　　　　小结 …………………………………………………………… 186

第十一讲　现代汉语同义动词的辨析视角 ·················· 187
　　第一节　关于同义动词 ······································· 187
　　第二节　同义动词的词义差异 ······························· 189
　　第三节　同义动词的句法特征差异 ·························· 197
　　第四节　同义动词的色彩差异 ······························· 200
　　小结 ·· 201

第十二讲　现代汉语易混虚词的辨析视角 ·················· 202
　　第一节　关于易混虚词 ······································· 202
　　第二节　虚词语义层面的差异 ······························· 203
　　第三节　虚词语法层面的差异 ······························· 205
　　第四节　虚词语用层面的差异 ······························· 206
　　小结 ·· 210
　　补充资料　"于是/所以"的异同 ···························· 211

参考文献 ··· 212

第一编
现代汉语词汇系统概貌

第一讲　现代汉语词汇系统的构成（上）
第二讲　现代汉语词汇系统的构成（下）
第三讲　现代汉语词汇的生成方式
第四讲　现代汉语词汇的结构方式

第一讲　现代汉语词汇系统的构成(上)[①]

第一节　现代汉语词汇的数量

学习一门语言时，词语学习是非常重要的。很多时候，掌握词汇甚至比掌握语法规则更重要。这是因为：语法错了，或许会让人感到别扭，但不一定影响沟通；词汇错了，则一定会造成交际障碍，产生种种误会。一般来说，一个人所掌握的词汇数量和质量，往往直接决定其语言水平，因此有不少人说，词汇量是衡量语言水平的重要指标。

怎么知道现代汉语有多少词汇呢？一般人的回答是，去词典里查一查，看看里面收录了多少词语。这的确是个好办法，不过问题是，词典会将语言中所有的词汇统统收录吗？或者说，你听到或见到的每个词语都能在词典中查到吗？其实，即使是收词最全的词典也做不到收录语言中的全部词汇。

这是因为，语言中词语的新陈代谢从未停止，总会有新词语不断产生，也有一些旧词语不再使用，而词典的编写速度总赶不上词语新陈代谢的速度。同时，受到篇幅的限制，纸质词典的收词总量不可能无限扩大。现代新型的电子词典虽说理论上可以不受篇幅限制，但电子词典往往是在纸质词典的基础上生成的，收词量同样有限。

此外，不同词语的使用频率是不同的，有些词语比另外一些词语使用频率更高，也更为常用。考虑到可能受到的篇幅限制，一般词典会优先收录那些常用度高、较为稳定的词语。至于那些常用度不高或刚刚出现的新词语，词典会根据规模定位、目标群体的需求特点等具体情况确定收录标准，对词

[①] 本讲主要参考文献为：葛本仪. 现代汉语词汇学 [M]. 修订本. 济南：山东人民出版社，2011.

语进行相应的取舍。因此，大型、中型和小型词典的收词标准与收词量往往差异很大，而面向不同目标使用群体的词典，其收词标准与收词量也会存在明显差异。

当然，在使用一段时间后，词典往往会根据词语的实际使用情况进行修订，增加一些新词或新义，删除一些旧词或旧义。比如，《现代汉语词典》2012年第6版在原来版本的基础上，"增收新词语和其他词语3 000条，增补新义400多项，删除少量陈旧的词语和词义"；2016年第7版则"增收近几年涌现的新词语400多条，增补新义近100项，删除少量陈旧和见词明义的词语"。

一、现代汉语词汇数量的不同版本

现代汉语词汇的数量有多少？回答这个问题似乎不太容易。不同词典或词表的收词情况并不相同，有时甚至存在很大的差异。下面是一些常见词典和词表的收词情况：

（1）《汉语水平词汇等级大纲》（1992年）共收词8 822个，包括甲级词1 033个，乙级词2 018个，丙级词2 202个，丁级词3 569个。

（2）《现代汉语词典》（第6版）收词6.9万条。

（3）《现代汉语常用词表》（草案）收词56 008个。

（4）《信息处理用现代汉语分词词表》收词92 843个，其中一级常用词56 606个，二级常用词36 237个。

为什么这些词典和词表的收词数量存在这么大的差异呢？这与其各自的收词标准和收词原则有关，而收词标准与收词原则往往是由词典和词表的目标使用人群决定的。

二、汉语词典、词表的收词标准和收词原则

一般来说，编写一部词典或整理一份词表，都要考虑目标使用人群的需求。词典编写者或词表整理者，会针对不同人群的需求确定收词标准，并依照标准确定收录词语的数量。比如，面向第二语言学习者的《汉语水平词汇等级大纲》收录8 822个词语，而面向一般汉语母语者的《现代汉语词典》（第6版）收录词语数量为6.9万余条，就是因为二者面对的使用人群不同，

确定的收词标准也不同。下面以《汉语水平词汇等级大纲》、《现代汉语词典》和《现代汉语常用词表（草案）》为例，说明不同词典或词表的收词标准与收词原则。

《汉语水平词汇等级大纲》的目标使用人群是第二语言学习者，其词汇筛选的角度与原则主要包括：

（1）从频度角度来看，包括常用性原则和均匀性原则。常用性原则依据的是词语的词频统计。一般来说，词语在语料中出现的次数越多，其常用度往往越高。均匀性原则考虑的是词语在不同类别和语篇中的分布状态。一般来说，词语分布越均匀，常用程度越高。

（2）从语言学角度来看，包括科学性原则和规范性原则。

（3）从汉语教学角度来看，包括实用性原则和联想性原则。实用性原则就是考虑对外汉语教学的需要，选入一部分常用的大于词的短语、结构、成语、习用语等，比如"一……就……""一边……一边……"等。联想性原则则是为避免缺漏而在专家联想基础上进行群体性添加。专家联想主要包括主题联想（如常用食品、饮料）、类聚联想（如由"篮球""排球"联想到"足球""乒乓球"）、异向联想（即由某个词语联想到其反义词语）。

（4）从学生语言习得角度来看，包括包容性原则和序列性原则。包容性原则即节省性原则，比如，单音节与双音节等义词可以节省（竹子/竹、鸭子/鸭、工厂/厂、身体/身，只收录其中一个）。序列性原则要求对词语进行分级。

《现代汉语词典》出版前言中提到，这部词典"是以记录普通话语汇为主的中型词典，供中等以上文化程度的读者使用"，词语收录的范围，"一般语汇之外，也收了一些常见的方言词语、方言意义，不久以前还使用的旧词语、旧意义，现在书面上还常见的文言词语，以及某些习见的专门术语"。

《现代汉语常用词表（草案）》编写说明中提到，这份词表"收录现当代社会生活中比较稳定的、使用频率较高的汉语普通话常用词"。其收词原则有两个：

一是词和语兼顾原则：以单音节词和双音节词为主，同时根据语言使用的实际情况，也收录一些常用的缩略语、成语、惯用语等熟语，以及表达整体概念名称的其他固定短语。

二是系统性与实用性兼顾原则。比如："初春""初夏""初秋""初冬"四个词全部收录，是考虑到词语的系统性；只收录常用的"晚春""晚秋"而未收录极少用的"晚夏""晚冬"，则是考虑词语的实用性。

总而言之，面向不同使用群体的词典，收词量是不同的，收词标准也存在一定差异。

第二节　现代汉语词汇系统中的基本词汇

词汇是语言的建筑材料，也是造句的材料。现代汉语词汇由两部分构成，一部分是词，另一部分是作用相当于词的固定结构（即各种"语"）。也就是说，现代汉语词汇是词与固定结构两个集合的总集合。

现代汉语中的词的集合可以分为两类：一类是基本词汇，另一类是一般词汇。

一、汉语基本词汇的特点

现代汉语中的基本词汇，一般表示人们生活中最常见或最关注的事物、动作行为和性质。比如：

表示自然物的：天、地、山、水、牛、羊、风、雨、花、草、阳光、空气、太阳、石头

表示亲属称谓的：爷爷、奶奶、爸爸、妈妈、姐姐、哥哥、弟弟、妹妹

表示身体部位的：头、手、脚、腿、心、肺、胃、肝、牙齿、耳朵

表示人造物的：书、笔、纸、车、船、布、线、锅、碗、门、路

表示食物的：米、面、粮、油、盐、菜、鱼、肉、虾、馒头、饺子

表示动作行为的：走、跳、生、死、睡、醒、买、卖、学习、工作、休息

表示事物性质的：红、白、甜、苦、方、圆、大、小、漂亮、干净

表示方位的：下、前、后、左、右、东、西、南、北

表示时间与季节的：年、月、日、春、夏、秋、冬

表示数目的：二、三、四、十、百、千、万

其他：你、我、这、那、谁、再、还、不、和

从上面列举的词语可以看出，汉语基本词汇具有三个特点：一是普遍性，这些词被汉语母语者普遍使用，使用范围极广，使用频率极高。二是稳固性，这些词的词义从古到今变化很小。三是单音词多。这些单音词构词能力很强，是汉语新词产生的基础，在大量双音词或多音词中充当构词成分。

基本词汇是汉语词汇中最主要的部分，是不可缺少的，甚至可以说，如果基本词汇完全改变或消亡，汉语也就不存在了。同时，基本词汇往往和人们的生活密切相关，是人们生活中必不可少的。学习和掌握一门语言时，无论是母语还是外语，都首先是从掌握基本词汇开始的。因此，基本词汇也往往是各种类型词典或词表首先收录的词语。

思考：

汉语的基本词汇在你的母语中是基本词汇吗？不同语言的基本词汇有没有差异？

二、不同语言基本词汇的普遍性与特异性

不同语言的基本词汇，既具有普遍性，又具有一定的特异性。

首先，基本词汇表示人们最需要、最常见的事物、动作行为和性质，与人们的生活密切相关，而使用不同语言的人在基本生活需求的很多方面是相通的，因此基本词汇具有普遍性。

其次，生活在不同国家、不同地区的人，在生活环境、传统习俗、思维方式等方面往往存在一定差异。语言是人们最重要的交际工具，为满足人们的生活交际需要，语言中的基本词汇也就会具有一定的文化特异性。比如，受地理环境的影响，生活在热带地区与生活在寒冷地区的人们，语言中的基本词汇可能存在差异。有调查发现，生活在北极地区的民族，语言中指称不同类型雪的词语很多。以农业、畜牧业或商业为主的民族，语言中的基本词汇也会存在差异。在农牧业发达地区的语言中，指称牲畜的词语较多。

最后，词汇的意义反映的是人们对于世界的认识，而人们对世界的认识是通过分类完成的。词义就是人们对不同事物、动作、性质进行分类、归纳

和概括的结果。生活在不同地域的人们，由于生活环境、传统习俗、思维方式等方面存在差异，对世界的认识往往不同，对基本事物、动作、性质的分类也会不同。比如：表达"穿戴"这一概念时，现代汉语将"把衣服、鞋子、帽子套在身上"的动作分为两类，分别用"穿""戴"两个词来表达；而英语将所有动作归为一类，用 wear 一个词来表达。汉语中的"姑姑""姨妈""婶子""大娘""舅妈"等在英语中只有一个对应词 aunt，而"叔叔""伯父""舅舅""姑父""姨父"都对应于 uncle。再如，现代汉语中指称人类与动物性别的词语不同，分别用"男/女""公/母"来表达，而英语则将两类概念归并为一类，只用 male/female 来表达。有调查发现，不同语言中基本颜色词的细分程度不同，其中最少的语言中只有"黑""白"两个基本颜色词，这反映了人们对颜色的认知和分类是不同的。

第三节　现代汉语词汇系统中的一般词汇

现代汉语中的一般词汇主要包括固有词、新词、方言词、外来词、社会方言和古语词。与基本词汇相比，一般词汇的使用范围比较窄，使用频率比较低。

不过，一般词汇往往能迅速反映时代与社会的变化和发展。通过观察一般词汇的变化与发展，比如新词语的出现，方言词语或外来词进入普通话，某些只用于特定领域、特定人群的社会方言词开始被更多的人接受并使用等，人们常常能在一定程度上了解不同时代社会发展的基本面貌。

一、固有词

固有词的使用历史一般很长，往往是从各个历史阶段一直承传下来的。固有词一般书面性较强，往往用于比较正式的场合，使用者一般是社会中文化层次较高的人群。比如夫人、逝世、饮食、借鉴、拜访、残忍、编纂、沉浮、封锁、风云、灿烂、感慨、激烈、昂扬、错综。

下面每组句子中，画线词语的意思相同而使用场合不同，前者为口语词或通用词，后者为书面性较强的固有词。

1. 这是我的妻子。VS 这位是总统夫人。
2. 他已经死很多年了。VS 他已逝世多年。
3. 每个人喜欢吃什么喝什么，都不一样。VS 每个人的饮食习惯不同。
4. 这些方法不错，我们可以学学。VS 这些方法值得我们借鉴。
5. 我明天去看一个朋友。VS 我明天去拜访一位朋友。
6. 他对小动物很坏。VS 他对小动物很残忍。
7. 这个国家的文化很棒。VS 这个国家有着灿烂的文化。
8. 这些人的关系很复杂。VS 这些人之间关系错综。

二、新词

新词是刚产生或产生时间不长的词，往往是适应某种社会交际需要而产生的。不过，这里的"新"只是一个相对概念，汉语中有些新词是几十年前出现的，有的是几年前出现的，有些则是刚刚出现的。一般来说，一个新词产生之后不会马上被收录在词典中。只有那些经过一段时间的使用后仍具有一定生命力的新词，才可能成为现代汉语词汇系统的正式成员，被词典收录。比如展销、环保、下岗、创收、共享、减肥、个体户、立交桥、互联网、月光族、蚁族、高铁、低保、脱贫、小康社会、微信、微博、人工智能。

值得说明的是，虽然产生的时间不长，新词的构词材料和构词方式却往往不是新的，而是汉语中早已存在的。比如，"共享"一词就是利用已有词汇材料"共""享"，并采用汉语中固有的"修饰成分+中心语"偏正式构词方式，来表达"共同享用"之意的。

三、方言词

现代汉语普通话是汉语的通用语言。中国国土面积很大，因为社会、历史、地理等不同因素的影响，产生了很多方言。据 2019 年中国教育部组织编写的《中国语言文字状况》，汉语方言主要分为十种：官话方言、晋方言、吴方言（上海话）、徽方言、闽方言、粤方言（广东话）、客家方言、赣方言、湘方言、平话土话。不同地区的方言在语音、词汇和语法方面往往存在差异，不同方言区的人常常很难借助各自的方言进行沟通。

现代汉语词汇是汉语共同语的词汇集合，不是方言词汇的集合。不过，有些方言词汇由于某些原因（如经济水平、文化影响力等）被吸收到汉语共同语词汇中。这些方言词汇虽然源自方言词，但已成为现代汉语词汇系统的组成部分。一般来说，方言词被共同语吸收，进入现代汉语词汇系统，主要是为了填补共同语中存在的某些表达空位。比如：

来自吴方言区的：搞、垃圾、名堂、把戏、尴尬、辣手、瘪三、二流子、亭子间

来自粤方言的：搞笑、打工、入围、炒鱿鱼、爆棚、靓、焗、私家、宵夜、单车、巴士、国脚、汤圆、番茄

吴方言以上海话为主，吴方言词汇进入普通话与多年来上海在中国经济文化方面的影响力直接相关。粤方言词汇大量进入普通话则发生在改革开放以后，粤方言区的城市如广州、深圳等经济快速发展，最先接触到大量新事物，对其他地区的人们产生一定的吸引力，人们因感觉新奇、新鲜而有意模仿，不少粤方言词也就逐渐在各地流行并最终进入普通话。

此外，最近几年也有大量东北方言词汇进入普通话。这主要是因为东北方言词语义独特、语义色彩丰富、表达形式灵活，同时具有很强的平民性特征，常常能引起社会性的语言兴趣。比如，来自东北的方言词"忽悠"，语义为"欺骗"，带有诙谐生动的语气，属于中性词，本身不带褒贬色彩，而现代汉语中与"欺骗"义有关的词汇都带有贬义，没有哪个词语能很好地代替它，因此"忽悠"顺利进入普通话，并迅速成为一个流行新词。

不过，吸收到汉语共同语词汇中的方言词毕竟数量有限，大量方言词还是只作为地方方言词汇存在。比如：上海话中的"二流子""亭子间"等已成为共同语词汇；而"阿拉"（我）、"侬"（你）只是方言词，没有被吸收到共同语词汇中。

【二流子】 名 指游手好闲、不务正业的人，带有贬义色彩。

【瘪三】 名 上海人称城市中无正当职业而以乞讨或偷窃为生的游民为瘪三。

【亭子间】 名 指上海等地旧式楼房中位于房子后部楼梯中间的小房间，面积小、光线差。

【辣手】 名 毒辣的手段。

【搞笑】①动制造笑料，逗人发笑。②形滑稽可笑。①
【国脚】名指入选国家队的足球运动员。
【入围】动经选拔进入某一范围。
【爆棚】动爆满。

四、外来词

不同国家和民族之间的互相交往，会导致不同语言之间的影响和吸收。外来词就是受到外语或其他民族语言影响而产生的词。汉语吸收外来词的历史已有一两千年，只是数量一直不多。一直到近代，随着中国与世界各国交往的增多，汉语中的外来词开始大量出现。不过，外来词一般不是外语原词。这是因为任何一种语言在接受其他语言的影响时，都会在原来外语词的基础上按照自己语言的特点进行一些改造。汉语中的外来词也是按照汉语词汇特点被改造而成的汉语词。按照改造方式的不同，汉语中的外来词主要分为以下五类。

第一类，音译词。音译词是借用外来词本来的发音，再根据汉语的语音特点，用汉字书写的外来词。比如咖啡（coffee）、巴黎（Paris）、吉他（guitar）、白兰地（Brandy）、拜拜（Bye-Bye）、丁克（Dink）。

第二类，字母词。字母词是直接借用外语书写形式（字母）的外来词。不过，值得注意的是，虽然这些外来词借用外语的书写形式，但其读音往往存在汉语化的倾向，与汉语的发音特点趋向一致。比如 CT、CD、MTV、MP3。

第三类，音加意译词。音加意译词一般由两部分构成，前面一部分是外来词语音的汉化形式，后面一部分是在原词基础上添加的汉语成分，与原词意义有关，表示外来词所指称事物的类别。比如啤酒（beer）、芭蕾舞（ballet）、吉普车（jeep）、霓虹灯（neon）、卡片（card）。可以看出，"啤酒"中，"啤"是 beer 语音对应的汉字，"酒"表明其类别，即一种酒。同样，"芭蕾舞"中，"芭蕾"是 ballet 语音对应的汉字，"舞"表明其类别，即一种舞蹈。

---

① 本书中的词语释义主要来源于《现代汉语词典》（第7版），部分词语在原文释义基础上稍做删减。

第四类，半音半意词。半音半意词，一半是外来词语音的汉化形式，另一半是外来词语音在汉语中的语义对应词，也就是说，这类词是"半音+半意"。不过与第三类不同的是，这类外来词的"半意"部分不是后来添加的，而是原词本来就有的意义成分。比如因特网（Internet）、呼啦圈（Hula-Hoop）、文化休克（culture shock）、水上芭蕾（water ballet）。可以看出，"因特网"中，"因特"与Inter语音对应，"网"则与net语义对应。同样，"呼啦圈"中，"呼啦"与Hula语音对应，"圈"则与hoop语义对应。

第五类，意译词。意译词是借鉴外语词的意义，用汉语的构词成分和组词规则来创造的新词。比如足球（football）、铁路（railway）、电话（telephone）、扩音器（microphone）、民主（democracy）、电脑（computer）、洗衣机（washing machine）。可以看出，虽然这类词语所表达的事物和概念来自外语，但造词材料和造词理据却完全是汉语的，与前面四类外来词差异很大，因此，很多人不把这类词看作外来词。

此外，汉语中还存在一类与日语有关的外来词，被称为"借形词"。这些外来词借用日语中汉字词的书写形式，但用的不是日语的读音而是用汉语的读音，比如茶道、场合。

总而言之，不同国家、不同民族、使用不同语言的人之间存在各种各样的交流与交往，彼此之间互相影响。这种影响也往往反映在语言中，世界上很多语言的词汇系统中都存在外来词。就汉语而言，外来词中音译词是一直都存在的，不过，也有一些音译词正逐渐被意译词代替，比如，"迷你裙"（mini skirt）正逐渐被"超短裙"代替，而"香波"（shampoo）正逐渐被"洗发水"代替。

五、社会方言词

社会方言词是由于社会上不同行业或集团内部的交际需要而产生的，是全民语言词汇的组成部分，主要是行业语。比如：

1. 课程、课表、基础课、选修课、必修课、学分、重修、自习、辅导
2. 内科、外科、中医、西医、门诊、急诊、诊断、治疗、注射、处方
3. 主角、配角、布景、道具、台词、龙套、青衣、花旦、武生、花脸

上面这些词语中，第一组词语最初主要用于教育行业，第二组最初主要

用于医疗卫生行业，第三组最初主要用于戏剧表演行业。后来由于交际的需要，这些词语慢慢进入现代汉语共同语中，不再仅限于最初的特定行业使用，而成为全民词汇。

还有一些行业词语，在进入现代汉语后，词义又有了进一步发展，由单义词变为多义词。其中很多词语的词义发展与人们认识上的联想有关，比如"战士""角色""舞台""后台"等。"战士"原为军事专业词语，现在由原义发展出新义，用于其他行业中，比如"白衣战士"指医护人员。"角色""后台""舞台"原为戏剧表演专业词语，现在由原义发展出新义："角色"由表演角色发展出"家庭角色""社会角色"，指称人们在家庭和社会中的不同身份；"后台"由原义发展出"政治后台"；"舞台"由原义发展出"人生舞台"。

六、古语词

古语词一般是过去曾用过而现在不用的词。不过，由于交际的需要，在某些场合，人们可能重新使用某些古语词，这类词也是现代汉语词汇系统的组成部分。现代汉语中的古语词有两种类型：

一类是指称历史上曾经存在过或古代神话传说中出现过的事物和现象的词。这些词是人们讲述历史和过去时需要使用的，与现代人的生活无关。

比如"县官""宰相""书童""巡捕"是中国历史上曾使用过的词语。其中："县官"相当于现在的县长，指的是县级政府的主要行政官员；"宰相"相当于现在的总理或首相，指的是政府的最高行政官员；"书童"指的是服侍古代读书人的仆人，常常帮主人打扫书房、准备读书写字所需的纸笔文具等；"巡捕"相当于现在的警察，指的是维护国家和社会秩序的政府治安人员。现在，只有在某些与旧时代相关的电影或电视剧中，以及在一些涉及旧时代历史的文学作品或历史材料中，才能见到或听到这些词语。

再如"玉皇大帝""王母娘娘""天宫""天兵""天将"是中国古代神话传说中使用的词语。其中："天宫"指天上的皇宫；"玉皇大帝"指天上的最高统治者，相当于人间的皇帝；"王母娘娘"指"玉皇大帝"的正妻，相当于人间的皇后；"天兵""天将"指天上的兵将，相当于人间的军事人员。现在，只有在讲述相关的古代神话传说时，人们才会使用这些词语，如一些相关的电影、电视剧或文学作品。

另一类是由于某种交际需要，为实现某种特殊的修辞效果而重新使用一些古代汉语中使用过的词语。比如，用"幸甚，幸甚"来表达"感觉庆幸或幸运"的意思，用"此言差矣"来表达"这句话说得不对"的意思。

需要特别说明的是，人们现在虽然仍在使用这些古语词，不过经常使用的往往不是词语原来的意思，而是在原义基础上产生的新义。比如，"乌纱帽"是中国古代官员戴的一种官帽，现在则用来借指官位，如果某个官员丢了官位，就说"他丢了乌纱帽"。"状元"是中国古代科举考试中最高级考试的第一名，现在则用来指称在各类考试或考核中获得第一名的人，如"高考状元""销售状元"等。

小　结

现代汉语词汇系统由"词"和"语"两个子系统组成。其中，词的系统又可分为基本词汇和一般词汇。基本词汇一般与人们的日常生活密切相关，也是新词产生的基础，其稳固性、使用频率和构词能力都强于一般词汇。一般词汇主要包括固有词、新词、方言词、外来词、社会方言词和古语词。这些词语来源不同，但都是现代汉语词汇系统的成员，都具有各自独特的使用价值，能满足人们某种特定的交际需要。

作为现代汉语词汇系统的重要组成部分，汉语基本词汇与一般词汇关系密切，基本词汇是一般词汇形成的基础。同时，二者的身份并非一成不变。一般词汇反映社会的发展与变化，非常敏感，因此一直处在不断变化中。随着社会交际的发展，基本词汇可能转化为一般词汇，即成为历史词语；一般词汇也可能转化为基本词汇。

第二讲　现代汉语词汇系统的构成(下)[①]

现代汉语词汇系统包括两个集合，一个是词的集合，另一个是语的集合，即作用相当于词的固定结构的集合。现代汉语词汇系统中的"语"主要包括成语、惯用语、谚语、歇后语、专门用语、习用套语等六类。

现代汉语固定结构主要有三个特点：

（1）结构定型，即结构形式具有很强的稳固性，很少会发生变化。

（2）意义完整，即结构的意义一般都不是字面意义的简单相加，而是一种经过抽象概括后形成的整体意义。

（3）与词的语法功能相当，即可以作为独立的语言单位用来组句。

第一节　成　语

汉语成语是一种具有固定形式和完整意义的固定结构。多数成语的意义具有双层性，一层是表面义，一层是实际义。实际义往往很难由构成成分义直接推知。从语用层面看，汉语成语往往具有很强的书面性，多用于较为正式的表达中。

一、成语的形式

从形式来看，成语结构定型的特点非常突出，以四音节格式为主，且两个音节构成一个音步，即"2+2"形式，比如恋恋/不舍、两全/其美、南辕/北辙、守株/待兔、垂头/丧气。

[①] 本讲主要参考文献为：葛本仪．现代汉语词汇学［M］．修订本．济南：山东人民出版社，2011．

成语的格式固定，一般不能随意改动其组成成分和词序。比如，尽管"无"与"没"、"好"与"爱"、"添"与"加"的意思相同，但是"大公无私""叶公好龙""画蛇添足"不能换成"大公没私""叶公爱龙""画蛇加足"。

二、成语的意义

从意义来看，成语的意义往往由整体凝练而成，比较抽象，多数成语的含义很难通过组成成分的字面意义来识解，比如九死一生、犬马之劳、昙花一现、赴汤蹈火等。不过，也有部分成语的实际义与组成成分的意义基本一致，可以从字面义来推求，比如恋恋不舍、两全其美、大快人心、垂头丧气。

三、成语的来源

从来源看，很多成语都是从古汉语中沿用下来的，生命力极强。

有些成语来源于古代寓言，比如愚公移山、鹬蚌相争、南辕北辙、守株待兔、刻舟求剑、画蛇添足。

有些成语来源于古代神话故事，比如夸父逐日、精卫填海、开天辟地、八仙过海。

有些成语来源于历史故事，比如草木皆兵、望梅止渴、完璧归赵、负荆请罪、卧薪尝胆、四面楚歌。

有些成语来源于古代文学作品，比如豁然开朗、妄自菲薄、土崩瓦解、见异思迁。

对于上面列举的这些成语，只有了解其来源，才能对成语含义有全面的认识和了解。当然，并非所有成语都来源于古代，有些成语是近现代以来才产生的，比如无的放矢、雨后春笋、一五一十、一清二楚、全心全意、十全十美。

四、成语的语法功能

从使用来看，每个成语的作用都相当于一个词，是组句的材料。从性质来看，有的成语相当于名词，有的相当于动词，有的相当于形容词，有的相当于副词。其中动词性和形容词性成语较多，副词性、名词性成语较少。

名词性的成语，如：一丘之貉、强弩之末、海市蜃楼。

动词性的成语，如：见异思迁、画蛇添足、顺水推舟。

形容词性的成语，如：十全十美、豁然开朗、胸有成竹。

副词性的成语，如：千方百计、全心全意、一五一十。

既然成语的意义很多不能从字面上了解，那么人们通过什么方式了解成语的实际意义和用法呢？方法有两个：一是查词典；二是尝试从成语所在的上下文推测其实际意义，了解其具体用法。比如下面各句中的画线成语：

1. 这两个人都经常做坏事，可以说是一丘之貉。
2. 这个梦想虽然美好，但对我来说只是海市蜃楼，很难实现。
3. 他这个人经常见异思迁，说不定很快就会喜欢上别人。
4. 我看，这里已经布置得很好了，你再放别的东西，就是画蛇添足。
5. 任何工作都有优点，也有缺点，没有哪个工作是十全十美的。
6. 对于这次考试，我已经做好了充分准备。可以说，我现在胸有成竹。
7. 女儿身体不好，妈妈总是千方百计地去找各种东西给她补充营养。
8. 知道再也没有办法瞒着她了，我只好把事情的经过一五一十地告诉了她。

借助上下文了解上述画线成语的意义和用法，可以分两步进行。

首先，根据上下文中成语的句法位置，判断成语的词性。上文各句中，八个成语的词性是不同的："一丘之貉""海市蜃楼"为名词性成语；"见异思迁""画蛇添足"为动词性成语；"十全十美""胸有成竹"为形容词性成语；"千方百计""一五一十"为副词性成语。

其次，借助上下文推测成语的意思和使用语境。比如：

从第一句中的"两个人""做坏事"，以及"一丘之貉"的词性，可以推测出：两个或更多一起做坏事的人就是一丘之貉，这个词是贬义的。

从第二句中的"梦想虽然美好""很难实现"，以及"海市蜃楼"的词性，可以推测出：那些看起来很美好但实际上不可能成真的事物，就是海市蜃楼。

从第三句中的"很快就会喜欢上别人"以及"见异思迁"的词性，可以推测出：看到新的东西或人就改变原来的心意，就是见异思迁。

从第四句中的"已经布置得很好"和"画蛇添足"的词性，可以推测出：对于已经很好的东西，再补充别的就是画蛇添足。

从第五句中的"有优点""有缺点"，以及"十全十美"的词性，可以推测出：某事物或人如果只有优点没有缺点，就是十全十美。

从第六句中的"充分准备"以及"胸有成竹"的词性，可以推测出：某人对要做的事准备得非常充分，很有信心，就是胸有成竹。

从第七句中的"找各种东西"以及"千方百计"的词性，可以推测出：某人为完成某件事尝试使用各种不同的办法，就是千方百计地做事。

从第八句中的"没有办法瞒着""只好"，以及"一五一十"的词性，可以推测出：某人在一件事上不能不讲实话的时候，会把知道的全部真实情况都说出来，就是一五一十地讲出来。

第二节 惯用语

汉语惯用语也是一种具有固定形式和完整意义的固定结构。形式上以三音节格式为主，意义分为两层，一层为字面义，一层为实际义。从语用方面看，惯用语多带有贬义色彩或消极意味。

一、惯用语的形式

从结构形式来看，惯用语多以三音节格式为主，比如敲竹杠、拖后腿、戴高帽、扣帽子、穿小鞋、背黑锅、栽跟头、磨洋工、炒冷饭、下马威、碰钉子、抬轿子、咬耳朵、绕圈子、跑龙套、泼凉/冷水。

也有少数由四个或四个以上音节组成，比如捅马蜂窝、唱对台戏、吃哑巴亏、钻牛角尖、杀回马枪、走下坡路、快刀斩乱麻、皮笑肉不笑、穿新鞋走老路、好心当作驴肝肺。

不过，与成语相比，惯用语在结构定型方面要弱得多。有时一个惯用语可能有几个不同的形式，比如，"拖后腿""拉后腿""扯后腿"表达一样的意思。在具体使用中，人们也常常根据表达的需要或自己的语言习惯，改变惯用语的词序或添加一些成分，比如，把"戴高帽"用作"戴高帽子""戴上个高帽"，把"背黑锅"用作"背了黑锅""背上了黑锅"。

二、惯用语的意义和表达功能

从意义来看，所有惯用语的意义都与比喻联想有关，是由组成成分的意义通过比喻联想抽象而成的，而不是构成成分字面义的简单相加。同时，惯用语大都带有贬义色彩或消极意味。

惯用语比喻性强，很多比喻联想与人们的日常生活经验有关，富有较强的生活气息，因此在语言运用中显得生动形象，语言表现力很强。由于与人们的日常生活相关，惯用语往往通俗易懂，无论在书面语还是在口语中，都广泛使用。

三、常用惯用语

（一）三音节惯用语

【戴高帽】把高帽子戴在头上。比喻不符合实际的奉承和恭维。

【背黑锅】背上背着黑锅。比喻承担着一种不该承担的罪责。

【走后门】走后面的门。比喻暗中运用不正当的手段或通过特殊关系达到目的。

【拖后腿】拖住后面的腿，不让往前走。比喻牵制、阻挠别人或事物使不得前进。

【穿小鞋】穿很小的鞋子。比喻（多为有职权者）暗中刁难、约束或限制不喜欢的人，给他们造成麻烦。

【栽跟头】摔倒在地上。比喻失败或出丑。

【磨洋工】比喻工作时采取消极态度，故意少投入劳动或精力，拖延时间。

【碰钉子】碰到钉子。比喻遭到拒绝或受到批评。

【绕圈子】转圈，不走直路。比喻说话不明白、不直接。

【泼冷水】把冷水泼到别人身上。比喻说话时打击别人的热情和积极性。

通过下面这些句子，可以了解上面的惯用语什么时候使用，以及如何使用。

1. 这件事这么容易，你却拖了两个月还没干完，难道不是在磨洋工吗？

2. 他没通过考试，我们应鼓励他继续努力，而不是给他泼冷水。

3. 听说，他爸是总经理的朋友，他肯定是走后门进入公司的。
4. 这件事是他做错的，我可不想替他背黑锅。
5. A：你是公司最棒的产品经理！这个项目由你来做，肯定让人放心。

   B：我可没有你说的这么有本事，你就别给我戴高帽了！
6. 他找最好的朋友借钱，没想到却碰钉子了。
7. 你有什么话就直说，不要一直在这儿跟我绕圈子。
8. 你跑得太慢了，得多练习啊，不然比赛时会给全队拖后腿的！
9. 他不想实话实说，是因为担心领导不高兴，以后会给自己穿小鞋。
10. 你不要以为自己比别人强一点，就得意扬扬，小心以后栽跟头。

（二）多音节惯用语

【捅马蜂窝】用工具（棍子等）触碰马蜂的窝（里面的马蜂都会飞出来蜇人）。比喻惹祸或触犯不好惹的人。

【唱对台戏】两个唱戏的人在两个面对面的舞台上各自表演。比喻采取与对方相对的行动，来与对方竞争或反对、搞垮对方。

【吃哑巴亏】哑巴不能说话，往往吃亏。比喻自己遭暗算或受损吃亏，不敢声张或无法申诉，只好自认吃亏。

【钻牛角尖】钻到牛角最窄的部分（牛角尖）里面去。比喻费力研究不值得研究的或无法解决的问题，也比喻固执地坚持某种意见或观点，不想改变。

【杀回马枪】马上作战时，等双方的马错过以后再回头用枪刺对方。比喻出其不意地向对手回头一击。

【走下坡路】走在下坡的路上。比喻事物衰落或向坏的方向发展。

【快刀斩乱麻】用刀迅速把一团乱麻切断。比喻办事果断，抓住关键，迅速地解决复杂的问题。

【皮笑肉不笑】嘴巴外面的皮是笑的样子，但里面的肉没有笑。形容一个人虚伪的、阴险的或不自然的笑。

【穿新鞋走老路】穿很新的鞋子走原来的路。比喻情况表面看起来有变化，形式不一样了，实际内容却没变，还是原来的样子。

【好心当作驴肝肺】把好好的心脏看成没有什么用的驴的肝肺。比喻人的好心好意不被人理解，反而被他人误解。

通过下面这些句子可以了解上面的惯用语什么时候使用，以及如何使用。

1. 她知道在这件事情上不能和领导唱对台戏，也就点头表示同意了。
2. 他发表了一篇批评自媒体的文章，这下可捅马蜂窝了，遭到多个自媒体的攻击。
3. 他靠走私挣的一笔钱被朋友骗了，不敢报警，只好吃哑巴亏。
4. 他是个爱钻牛角尖的人，想做什么就一直做到底，谁劝也没用。
5. 半小时后，爸爸杀回马枪，又去了儿子房间，这次果然发现儿子在玩游戏。
6. 这几年公司一直在走下坡路，经营情况一年不如一年。
7. 要想改革成功，就得下决心搞创新，把已经没用的、旧的东西都丢掉，不能穿新鞋走老路。
8. 快考试了，我提醒朋友少玩游戏，他却怪我，真是好心当作驴肝肺。
9. 这事必须尽快解决，快刀斩乱麻，才不会影响以后的工作。
10. 一看他脸上皮笑肉不笑的神情，我就知道他心里一定在想什么坏主意。

第三节　谚　语

谚语是一种具有特定意义内容和固定结构形式的句子，是人们口头流传的一种现成话，通俗简练，含义深刻。

一、谚语的形式

在结构形式上，谚语都是固定的句子。有的是单句形式，比如：
千金难买寸光阴。　　强拧的瓜不甜。　　细工出巧匠。
身正不怕影子斜。　　小树不砍不成材。　　上山容易下山难。
浪子回头金不换。　　众人拾柴火焰高。　　搬起石头砸自己的脚。

有的是复句形式。前后小句之间或者是类比或并列关系，或者是因果关系。比如：
岁寒知松柏，患难见人心。

知树知皮不知根，知人知面不知心。

种瓜得瓜，种豆得豆。

——以上复句的前后小句是类比或并列关系。

山中无老虎，猴子称大王。

不吃苦中苦，难得甜上甜。

只要功夫深，铁杵磨成针。

留得青山在，不愁没柴烧。

——以上复句的前后小句是因果关系。

二、谚语的意义和表达功能

谚语的意义，有的可以由其组成成分的意义推知，比如"浪子回头金不换""千金难买寸光阴"；有的是在字面义基础上引申比喻而成，比如"种瓜得瓜种豆得豆""强拧的瓜不甜"。

谚语通过句子的形式，表达人们认识到的某种生活道理或自然规律。谚语的字面义常常与人们的日常生活内容相关，具有很强的生活气息。谚语的实际义则内涵丰富，通常是人们日常生活经验的进一步提炼与升华，是人们基于事物之间相似性而产生联想思维的结果。因此，谚语的字面义和实际义往往性质相同，道理相通。

从使用来看，谚语可以独立成句，也可以充当句子成分。在表达功能上，谚语往往具有生动形象、活泼有趣的特点，具有较强的语言表现力。谚语可以用于正式表达，也可用于一般性的非正式表达。

三、常用谚语

（一）单句形式的谚语

【上山容易下山难】

字面义：上山的时候很容易，下山的时候却很难。

实际义：比喻开始做某事或进入某个领域容易，想要退出却很难。

【千金难买寸光阴】

字面义：用很多钱都买不来一点点时间。

实际义：比喻时间非常宝贵。

【强拧的瓜不甜】

字面义：没熟的瓜，可以勉强摘下来，却肯定不会是甜的。

实际义：比喻勉强而成的事一般不会有好结果。

【身正不怕影子斜】

字面义：一个人身体是正的，就不用担心自己的影子是正的还是斜的。

实际义：比喻只要一个人为人正直，做事正派，就不用担心别人说坏话。

【小树不砍不成材】

字面义：一棵树如果不修剪，就不能长成高大的有用之材。

实际义：比喻一个人如果不得到合适的培养和教育，就不能成为有用的人才。

【浪子回头金不换】

字面义：曾经做过坏事、犯过错误的人，突然意识到自己的错误，决定重新变好。这样的做法是非常可贵的，即使用最贵重的金子也换不来。

实际义：指做过坏事、犯过错误的人能够归正是极其可贵的。

【众人拾柴火焰高】

字面义：很多人一起拾柴，柴多，火焰就会很高。

实际义：比喻人多力量大。

【搬起石头砸自己的脚】

字面义：一个人搬起石头准备去砸别人，没想到却砸了自己的脚。

实际义：比喻本来想害别人，结果害了自己。

通过下面这些句子，可以了解上面的谚语什么时候使用，以及如何使用。

1. 通过这次合作的成功，大家都明白了<u>众人拾柴火焰高</u>的道理。

2. 他每次犯错，都会挨打。因为父母都相信<u>小树不砍不成材</u>的道理。

3. 如果他不愿意，我们这次合作就停止，不必勉强他，毕竟<u>强拧的瓜不甜</u>。

4. 他想骗别人反而被别人骗了，真是<u>搬起石头砸自己的脚</u>。

5. <u>寸金难买寸光阴</u>，大学四年时间宝贵，你可不能把时间都花在玩游戏上。

6. 只要你认为自己没有做错，就坚持下去，<u>身正不怕影子斜</u>，不要怕别人说什么。

7. 他大学毕业后，很多年一直不找工作，靠父母生活。今年他找到一份工作，每天很努力，父母特别开心，真是<u>浪子回头金不换</u>啊！

8. 他十几岁时学会了抽烟，现在病了想戒烟可不那么容易，<u>上山容易下山难</u>啊！

（二）复句形式的谚语

【岁寒知松柏，患难见人心】

前后两个小句说明的情况，性质相似，是类比关系。其中后一小句表达的是谚语实际义。

释义：天冷的时候，才知道松树和柏树是多么坚强，多么不怕冷。一个人遇到困难的时候，才知道谁是真心对自己的人。

【知树知皮不知根，知人知面不知心】

前后两个小句说明的情况，性质相似，是类比关系。其中后一小句表达的是谚语实际义。

释义：知道一棵树长什么样，知道它的树皮长什么样，却很难知道树根长什么样。知道一个人长什么样，知道他的脸长什么样，却很难知道他的心是好还是坏。

【不吃苦中苦，难得甜上甜】

前后两个小句说明的情况是因果关系。

字面义：没有吃过最苦的东西，就不会有最甜的感觉。

实际义：比喻没有经历很多困难，就不会获得成功的喜悦。

【只要功夫深，铁杵磨成针】

前后两个小句说明的情况是条件与结果关系。

字面义：一个人只要花的功夫足够多，就可以把一根很粗的铁棍磨成很细的针。

实际义：比喻做什么事只要愿意努力，就一定可以成功。

【留得青山在，不愁没柴烧】

前后两个小句说明的情况是条件与结果关系。

字面义：只要有青山在，树木就会不断生长，就不用发愁以后没有木柴烧火做饭。

实际义：比喻暂时遭受损失或挫折时，只要基础或最重要的东西还留着，就不用担心，因为还有成功的机会。

【种瓜得瓜，种豆得豆】
前后两个小句说明的情况性质相同，是并列关系。

字面义：种的是瓜的种子，收获的也会是瓜；种的是豆子的种子，收获的也会是豆子。

实际义：比喻一个人说话做事、对人对事的态度，会决定和影响他最终得到的结果。

通过下面这些句子，可以了解上面这些谚语什么时候使用，以及如何使用。

1. 一个你非常信任的人欺骗了你，你会说"知树知皮不知根，知人知面不知心"。

2. 朋友觉得学习汉语太难，想放弃了，你会鼓励他说"只要功夫深，铁杵磨成针"。

3. 朋友想成功，却觉得每天工作太辛苦，你会告诉他"不吃苦中苦，难得甜上甜"。

4. 在你非常需要帮助的时候，有朋友帮助了你，你会说"岁寒知松柏，患难见人心"。

5. 不关心别人的人，很难得到别人的关心；尊重别人的人，也会得到别人的尊重。这就是种瓜得瓜，种豆得豆。

6. 朋友家的房子着了火，可是家人都好好的，你会安慰他说"留得青山在，不愁没柴烧"。

思考：
汉语中这些谚语的意思在你的母语中是如何表达的？你们也有类似的谚语吗？

第四节　歇后语

歇后语是汉语中一种特殊的语言形式，具有固定的结构形式和特定意义。歇后语的内容往往与人们日常生活的方方面面直接相关，生活气息很浓，具有较强的语言表现力。

一、歇后语的形式

从形式上看，歇后语一般由两部分构成，两部分之间往往用破折号隔开。比如：

哑巴吃黄连——有苦难言

千里送鹅毛——礼轻情意重

老鼠过街——人人喊打

肉包子打狗——有去无回

癞蛤蟆想吃天鹅肉——想得美

黄鼠狼给鸡拜年——没安好心

电线杆上绑鸡毛——好大的胆（掸）子

打破砂锅——问（纹）到底

二、歇后语的意义和表达功能

歇后语由前后两部分构成。前一部分说明某种具体情况或日常生活现象，后一部分则点明这种情况或现象表明的深意或带来的结果，是歇后语要表达的主要意思。歇后语的前后两部分一般通过比喻的方式连成一个整体，共同表达某种超出字面义的意义。歇后语前一部分内容往往与人们熟悉的某种实际生活场景相关，因而歇后语的表意常常形象生动、通俗易懂。

比如"千里送鹅毛——礼轻情意重"，前一部分"千里送鹅毛"的意思是一个人走了很远的路，只给朋友送来一支鹅毛作为礼物；后一部分"礼轻情意重"则点明"千里送鹅毛"这一行为的深意，即礼物虽然不贵重，很轻，但是其中表达出的情谊却很珍贵，很重。

再如"老鼠过街——人人喊打"，前一部分"老鼠过街"说明一种情况，即老鼠在街上经过；后一部分说明"老鼠过街"带来的结果，即人人见了都想去打死它。前后两部分合在一起被用来比喻一种情况，即一个人做了坏事，被人讨厌，因此所有人都想打他，都想惩罚他。

作为固定结构，歇后语的作用相当于词，可以充当句子成分，也可以独立成句或充当复句的分句。歇后语的使用比较灵活，可以两部分同时出现，也可以只出现前一部分。由于通俗易懂，即使只出现前一部分，人们也能领悟到歇后语后面一部分要表达的主要意思。

三、常用歇后语

【哑巴吃黄连——有苦难言】黄连是很苦的东西，一般人吃了都会说苦。可是哑巴不会说话，即使吃到黄连，也说不出苦。比喻一个人心里虽然有很多苦楚，却因为某种原因，没有办法告诉别人。

【千里送鹅毛——礼轻情义重】走一千里的路给朋友送去一支鹅毛。比喻礼物虽然不贵重，但情谊很深。

【老鼠过街——人人喊打】大家都讨厌老鼠，如果在街上遇到老鼠，人人都会喊着要打它。比喻一个人做了坏事，所有人都想打他，都想惩罚他。带有贬义色彩。

【肉包子打狗——有去无回】如果用肉包子去打狗，肉包子就会被狗吃掉，再也拿不回来了。比喻借给别人的东西，最终没有还回来。带有贬义色彩。

【癞蛤蟆想吃天鹅肉——想得美】癞蛤蟆很丑，却想吃最美丽的天鹅的肉，这怎么可能呢。比喻一个人想得到根本不可能属于他的东西。带有贬义色彩。

【黄鼠狼给鸡拜年——没安好心】黄鼠狼会吃鸡。如果一只黄鼠狼来给鸡拜年，表示友好，一定没安好心，有不好的想法。比喻一个坏人突然对人表示友好，常常是因为有不好的企图。

【电线杆上绑鸡毛——好大的胆（掸）子】以前中国人会把鸡毛一根根地绑在一根棍子上，做成鸡毛掸子，用来清除家具、器物或衣服上的灰尘。如果把鸡毛绑在高高的电线杆上，这样的掸子就实在太大太长了。这里"掸子"和"胆子"谐音，比喻一个人胆子很大。

【打破砂锅——问（纹）到底】砂锅是一种用泥烧制成的锅，中国人常常用来熬中药或煲汤。这种锅稍不小心就会被打碎，而且一碎就会一裂到底，从上到下留下裂纹。这里"纹"和"问"谐音，比喻对事情或问题追根究底，一问到底，一直追问。

通过下面这些句子可以了解上面这些谚语在什么时候使用，以及如何使用。

1. 你一个小小的职员，竟然敢不听经理的建议，真是<u>电线杆上绑鸡毛——好大的胆（掸）子</u>！

2. 我喜欢钻研学问，遇到问题，绝不轻易放弃，总是<u>打破砂锅——问（纹）到底</u>。

3. <u>千里送鹅毛——礼轻情义重</u>，虽然这支笔不值钱，但它是朋友亲手做的，所以我很珍惜。

4. 他这人不讲信用，你借给他的钱恐怕会<u>肉包子打狗——有去无回</u>。

5. 他没有钱，也长得不帅，却想追求校花。朋友们都说他是<u>癞蛤蟆想吃天鹅肉——想得美</u>。

6. 他明明知道我不喜欢他，却提出要跟我合作。我看他是<u>黄鼠狼给鸡拜年——没安好心</u>。

7. 他想骗人却被别人骗了，现在是<u>哑巴吃黄连——有苦难言</u>，对谁都不好意思说。

8. 她这些年做了很多坏事，无论到哪儿都是<u>老鼠过街——人人喊打</u>，大家都恨死她了。

第五节　专门用语与习用套语

一、专门用语

专门用语是固定化的专门指称某种事物或意义的词组，很多与其简缩形式并存于词汇系统中，根据不同的交际需要，交替使用。比如：

- 北京大学、人民警察、广播电台、人民代表大会、上海电影制片厂
- 北大、民警、广播台、人代会、上影厂

二、习用套语

习用套语是社会上人们习惯使用的现成话，一般是固定化的词组或句子，作用相当于词，比如"你好""再见""请进""对不起""谢谢"等。各种

语言中都存在这种习用套语，相关研究发现，因为在生活中经常使用，习用套语在使用者的大脑中是以整体形式记忆、存储和提取的，无论是听者还是说者，都不会特别关注其构成成分的意思。

小　结

现代汉语词汇系统中的"语"都是一些大于词的固定结构，主要包括成语、惯用语、谚语、歇后语、专门用语、习用套语等六类。其中，成语、惯用语、谚语、歇后语四类尤其值得关注。首先，这四种固定结构往往存在两层意思，一层是字面义，一层是实际义。字面义往往比较具体，而实际义往往是在字面义基础上形成的较为抽象的意义。其次，这四种固定结构具有鲜明的中国文化特色，其意义内容往往与中国的历史背景、风俗习惯、文化传统息息相关，是学习者了解中国文化的一个重要窗口。

第三讲　现代汉语词汇的生成方式[①]

现代汉语词汇数量众多，这些词汇是怎么生成的呢？这就涉及造词法的问题。

从造词方式来看，汉语中的词，有的是音义任意结合而成的，更多的词则具有一定的构词理据。这些具有构词理据的词，在造词时，有的借助语音材料造词，有的借助语言中原有的词汇成分造词，有的借助一定的修辞手段造词，有的借助汉字的形体造词。比如：

"哗哗"表示水流的声音，"汪汪"表示狗叫的声音，都是按照汉语语音的配合规律，采用摹声法造出的词；而"扣儿"和"盖儿"是通过"扣"和"盖"的语音变化造出的新词。

"转椅"是一种会转动的椅子，它是由两个汉语原有词汇成分，即表示动作的"转"和表示事物类别的"椅"，组合成的新词。"方桌"是方形的桌子，它是由两个汉语原有词汇成分，即表示形状的"方"和表示事物类别的"桌"，组合成的新词。

"螺丝钉"是一种像螺丝的钉子；"木马"是一种木头做成的像马的玩具；"龙头"是自来水管上的开关装置，因为吐水的样子像龙头而得名。这几个词语的造词理据与汉语中的比喻修辞方式有关。

"八字眉""十字路口""丁字尺""一字领"的造词则与汉字有关，即词语所指称事物的形状分别与汉字"八""十""丁""一"的字形相似或相近。

本讲内容分为四个部分，第一节介绍音义任意结合的造词法，第二、三、四节分别介绍三种具有理据的造词法，即与语音有关的造词法、与词汇成分有关的造词法、与修辞有关的造词法。

[①] 本讲主要参考文献为：葛本仪. 现代汉语词汇学 [M]. 修订本. 济南：山东人民出版社，2011.

第一节　音义任意结合造词

通过音义任意结合造词法产生的新词，音义之间没有必然的联系。汉语中最早产生的一些词一般采用这种造词方法。比如：

第一组：人、手、足、头、口；日、月、树、山、牛、羊

第二组：喇叭、徘徊、慷慨、从容、窈窕、含糊、玲珑

第一组都是单音词，属于汉语中的基本词汇，音义之间是任意结合的。第二组都是双音词，也是汉语中很早产生的，但一般不属于基本词汇。这些词的特点是两个构词成分的语音形式部分相同，或者两个声母相同，或者两个韵母相同，因此被称为"双声叠韵词"。这些词的音义之间也没有必然的联系，是任意结合的。

通过音义任意结合造词法产生的新词，学习者应该怎么学习呢？途径只有一个，那就是直接去学去记，不用去想为什么，因为这类词语的语音和意义之间没有必然联系，没有任何人能够解释为什么用这样的语音形式来指称这种事物。

第二节　借助语音材料造词

借助语音材料的造词法主要有两种：一是摹声法造词，比如猫、蛐蛐、哈哈、哗哗、汪汪。二是音变法造词，比如盖儿、扣儿、铲儿、尖儿。

一、摹声法造词

摹声法造词是利用人类的语言形式对与事物相关的声音进行模拟或改造，从而生成新词。也就是说，通过摹声法造出的词都是有一定理据的，其语音形式来源于某种实际存在的声音。汉语中的摹声法造词主要有两种情况。

第一类是通过模仿自然界中事物发出的声音来为事物、行为、性状造词。自然界中能发出声音的事物包括人类、动物、植物、自然物、人工物等，比

如人类的哭声、笑声，动物的鸣叫、吼叫，大自然中的流水声、雷鸣声，机器的轰鸣声和电话铃声，等等。所有这些声音都能成为人们造词时利用的语音材料。有的依据发出的声音给事物或动作行为命名，比如猫、鸦、蛙、蛐蛐、蝈蝈根据叫声为动物命名，呼噜根据声音为动作行为命名。有的依据事物发出的声音造出新词，对事物的某种性状进行描写，比如哈哈、哼哼、当当、咚咚、吱吱、呼呼、哗哗、嗡嗡、喳喳、汪汪、吧嗒、嘎吱、嘎巴、叮咚、叮当、哗啦、轰隆、当啷、扑哧、轰隆隆、哗啦啦、噼里啪啦、叮叮当当、稀里哗啦等象声词，往往与事物的某种典型状态一一对应。其中，"哈哈"对应人的笑声，"哗哗"对应水流声，"嗡嗡"对应蜜蜂等蜂类的鸣叫声，"轰隆隆"对应雷鸣声。

第二类是通过模仿人们发出的声音造出一系列感叹词。汉语中的感叹词啊、嗯、唉、哦、哎呀等表达人们的某些情绪、情感和态度。比如，"啊"可以作为应答，表达感叹、吃惊以及如释重负等多种情感态度；"嗯"一般作为应答；"唉"可以作为应答，也可以表达失望和沮丧的情感态度；"哦"可以作为应答，也可以表达突然醒悟或明白；"哎呀"一般表达遇到不利情况时的吃惊。

观察上面列举的这些词，或许你可以发现汉语摹声词有一个字形上的特点，即很多词都有"口"字作偏旁。这是因为汉字偏旁本身具有表意功能，带"口"字偏旁的汉字即表明其对应的词义与嘴巴相关，嘴巴是人或者动物的重要发声器官，不少摹声词指称的就是人或动物发出的声音，因此往往以"口"作偏旁。比如，呜呜、扑哧、喳喳、吱吱分别对应的是人的哭声、人突然发出的笑声、鸟的叫声、老鼠的叫声。当然，有些摹声词指称的是自然物或人工物发出的声音，对应的汉字也以"口"作偏旁，这或许与中国人造词时的联想思维有关。也就是说，只要是能发出声音的事物，在人们的联想中都是有嘴巴的，不管是有形的嘴巴还是无形的嘴巴。比如，哗哗、叮咚、呼呼、叮叮当当分别对应很大的水流声、门铃声、风声、金属碰撞的声音。

需要特别说明的是，世界上很多语言中都存在摹声法造词，通过这种方式造出的词语，由于词语的声音来源相同或相近，语音形式也会相近，但并不会完全相同。这是因为通过摹声法产生的词语都必须符合语言自身的语音特点，对应于特定语言的语音系统。不同语言的语音系统不同，通过摹声法产生的词语自然不会完全相同。通过摹声造词产生的汉语词，都是符合汉语语音特点的，其语音形式都由声母、韵母和声调三个部分组成。正因如此，尽管人在表达情绪时发出的笑声、哭声、叹气声等是相似的，人们听到的猫、狗、牛、羊、青蛙等动物发出的叫声是一样的，人们听到的自然界中的很多声音如风声、雨声、雷声都是一样的，但不同语言中相应词语的语音形式却并不完全相同。

常见汉语摹声词的意思一般可以通过观察其上下文猜测出来，比如下面各句中的画线词语：

1. 你听，小狗在<u>汪汪</u>叫，小猫在<u>喵喵</u>叫，小羊在<u>咩咩</u>叫，小牛在<u>哞哞</u>叫，小鸟在<u>喳喳</u>叫，青蛙在<u>呱呱</u>叫，老鼠在<u>吱吱</u>叫，蜜蜂在<u>嗡嗡</u>叫。
2. 你听，<u>哗哗哗</u>外面在下大雨，<u>轰隆隆</u>外面在打雷，<u>呼呼呼</u>外面在刮风。
3. <u>咚咚咚/当当当/砰砰砰</u>，你听，有人在敲门。
4. 他不小心，书包里的那些东西，<u>哗啦啦</u>，一下子都掉在地上了。
5. 听了我的话，她<u>呜呜呜</u>哭起来，他<u>哈哈哈</u>笑起来，其他人<u>哎呀呀</u>叫起来。

除了上面提到的两类摹声词以外，汉语中还有一类词语是通过模仿外语中某些词的发音来造词的，比如咖啡、沙发、夹克、吉普、巴黎、奥林匹克、马拉松等。这些词的音节数不固定，往往与原词的音节数直接对应，双音词、三音词、四音词以至更多音节的词都有。不过，这些词虽然来源于外语词，却在被汉语借用之后，被改造成符合汉语语音特点的词，每个音节都被添加声调，成为一个包含声母、韵母和声调的语音结构体。实际上，这种借用并改造外语词的情况，在其他语言中也同样存在。正因如此，一个相同的外来词在被借用到不同语言、被借入语言的语音系统改造以后，其语音形式往往会风格各异。

二、音变法造词

音变法是通过改变原词的语音形式来产生新词。汉语中的儿化造词就是这样产生的，比如：

盖/盖儿　　扣/扣儿　　铲/铲儿　　尖/尖儿
刺/刺儿　　个/个儿　　本/本儿　　画/画儿

汉语中儿化造词与原词之间的意义关系，主要有三种类型：

第一种，儿化不区别意义，不过儿化后的词语会在原词词义基础上增加"小、亲近、喜爱"的意味，比如"小猴/小猴儿""小孩/小孩儿"。

第二种，儿化可以区别意义，且儿化词与原词意义直接相关，比如"刺/刺儿""画/画儿""盖/盖儿""扣/扣儿""铲/铲儿""尖/尖儿"。其中的动词"刺""画""盖""扣""铲"和形容词"尖"儿化后变成名词，且儿化前后的词语词义直接相关。具体而言，"刺儿"是可以刺人的事物；"画儿"是动作"画"的结果；"盖儿"是动作"盖"的工具；"铲儿"是动作"铲"的工具；而"尖儿"是事物"尖"的部分，比如笔尖儿。

第三种，儿化可以区别意义，但儿化词与原词意义有时相关，有时无关，比如"个/个儿""本/本儿""信/信儿""门/门儿"。其中，"个/个儿""本/本儿"词义无关，"信/信儿""门/门儿"词义相关。具体而言，"个"是量词，而"个儿"指身高，比如"他个儿很高"，二词词义无关。"本"为量词，比如"一本书"；"本儿"即本子，比如"练习本儿"，二词词义无关。"信儿"是消息的意思，比如"这两年一直没他的信儿，不知他现在生活怎么样"。想让别人知道你的消息，可以给他写信，因此"信/信儿"词义相关。"门儿"指解决问题的途径或办法，"门"是房子或院子的出入口，解决问题的途径和方法就是从问题中走出来的出口。虽然二词所指称的事物一个具体、一个抽象，但二者都可被看作某种出口，这表明"门儿/门"的词义是有联系的。

第三节　借助词汇材料造词

与词汇成分有关的造词法主要有三种：一是双音法造词，比如妈妈、斤斤、朋友、桌子。二是简缩法造词，比如北大、清华、青少年。三是说明法造词，比如红旗、三角、树叶、雨衣、松树、车辆、静悄悄。

一、双音法造词

古代汉语中，单音词占绝大多数。汉代以后，汉语词汇开始向双音化发展，词汇系统中双音词的数量越来越多。现代汉语以双音词为主，且绝大多数双音词都是在原有单音词的基础上产生的。现代汉语词汇中，通过双音化产生的新词有以下几种情况。

第一，原来是单音词，通过重叠形式产生双音词，新词与原词意义完全一样或基本相同，往往构成同义词，比如 妈妈、爸爸、姑姑、叔叔、星星、渐渐、恰恰、常常。

那么，这些通过单音词重叠产生的词语与原词是否存在差异，是否可以任意替换呢？实际上，像妈/妈妈、爸/爸爸、姑/姑姑、叔/叔叔、星/星星、渐/渐渐、恰/恰恰、常/常常这类同义词，虽然新词与原词意义完全一样或基本相同，用法上却存在明显差异。这类单音词与双音词之间的用法差异，主要受到音节数目的影响。现代汉语词汇以双音形式为主，双音词的独立性往往强于单音词。单音词是单音节的，能与其他单音成分组合成双音词或双音词组，而双音词本身已是双音形式，很少再与其他单音成分组成新词或词组。

在"妈/妈妈"这组同义词中，"妈"可以与其他单音成分组合成"亲妈""后妈""姑妈""姨妈""奶妈"等双音词，其中的"妈"都不能换成"妈妈"。"爸/爸爸""姑/姑姑""叔/叔叔"都是如此。与之类似，"星"可以与其他单音成分构成"金星""木星""火星""行星""卫星"等双音词，其中的"星"也不能换成"星星"。"我和朋友这几年，渐行渐远"，"东方渐白，新的一天开始了"，其中的"渐"不能换成"渐渐"。在"衣服常换常新""我们住得很近，以后要常来常往""不常回家"中，"常"也不能换成"常常"。

第二，原来是单音词，通过重叠产生双音词，新词与原词的意义明显不同或不完全相同，比如爷爷、奶奶、宝宝、往往、区区、历历、堂堂、津津、斤斤、熊熊。

这些双音词，有些与原来的单音词意义完全不同，有些与原词的意义存在一定的联系。不过，即使存在意义联系的单音词和双音词，语义联系也往往并不十分明显，一般很难由单音词来推求双音词的词义。

"爷"在汉语中可以指祖父，在方言中可以指父亲，可以是对长一辈或年长男子的尊称，可以是民间对神的称呼（比如"土地爷""财神爷"），旧时也是对官僚财主等的称呼（比如"老爷""少爷"）。"爷爷"则一般只称呼祖父，或称呼与祖父辈分相同或年龄相仿的男人（比如"老爷爷"）。因此，"爷"与"爷爷"的词义之间存在一定联系，但不完全相同。

"奶"在汉语中常用义为乳汁，比如"牛奶""奶牛"；"奶奶"则指祖母，或称呼与祖母辈分相同或年龄相仿的女人（比如"老奶奶"）。因此，"奶"与"奶奶"两个词的词义完全不同。

"宝"在汉语中的常用义是指珍贵的东西，比如"国宝""传家宝""老人是家中宝"；还可以用作形容词，意思为"宝贵的"，比如"宝岛""宝地""宝刀""宝石"。"宝宝"则是对小孩儿的爱称，对父母而言，小孩子就是宝物，是珍贵的东西。因此，"宝"与"宝宝"的词义之间存在一定联系，但不完全相同。

"往"在汉语中，可以用作动词，意思是向某处去，比如"我和朋友，一个往东，一个往西"；可以用作介词，表示动作的方向，比如"往外走""火车开往上海"；还可以用作形容词，指过去的，比如"往年""往事"。"往往"是副词，表示根据以前的经验，某种情况在一定条件下经常发生，意思跟"常常"相近，比如"下雨天往往很难打车"。因此，"往"与"往往"两个词的词义完全不同。

"区"在汉语中的常用义，是指地区、区域或行政区划单位，比如"工业区""风景区""我们学校在北京市朝阳区""内蒙古自治区"。"区区"是形容词，表示（数量）少或（人或者事物）不重要，比如："区区二十块钱，你不用还了。""这只是区区小事，你不用担心。"因此，"区"与"区区"两个词的词义完全不同。

"历"在汉语中有多个意义，一般充当构词成分。其常用义主要有：在"历险""历时半年"中，意思是"经历或经过"；在"学历""病历""简历"中，意思是"经历过的事情"；在"历年""历次""历届"中，意思是统指过去的各个。"历历"是形容词，表示（物体或景象）一个一个清清楚楚的。"历历"常与一些词语形成固定搭配，一般不单独使用，比如："多年过去了，很多往事依然历历在目。""他头上的汗珠历历可数。"因此，"历"与"历历"两个词的词义完全不同。

"堂"在汉语中有多个意义，一般充当构词成分。"堂"的常用义主要有：在"礼堂""食堂"中指专为某种活动用的房屋；在"堂兄""堂弟"

"堂妹"中指父亲的兄弟姐妹的孩子。"堂堂"是形容词,在"这个男人仪表堂堂"中,形容男人容貌庄严大方;在"堂堂中国人,不怕吃苦"中,形容人有志气或有气魄。因此,"堂"与"堂堂"两个词的词义完全不同。

"津"在汉语里指渡口,比如"天津"这个城市的名字,就与其位置在海边有关。"津津"是形容词,主要形容有滋味或有趣味,比如"每顿饭,他都吃得津津有味","很多人对明星的事津津乐道"。因此,"津"与"津津"两个词的词义完全不同。

"斤"在汉语中的常用义是量词,是一种重量单位,比如"两斤苹果"。"斤斤"是动词,指过分计较微小的利益或不重要的事物,常用在"斤斤计较"中。比如"就差五块钱,你不要跟他斤斤计较了"。因此,"斤"与"斤斤"两个词的词义完全不同。

"熊"在汉语中指称一种动物;"熊熊"是形容词,形容火势旺盛,比如"他的所有财产都在这场熊熊大火中消失了","他的胸中生出熊熊烈火"。因此,"熊"与"熊熊"两个词的词义完全不同。

第三,将原来两个意义相同、相近或相关的单音词联合起来组成双音词,新词与原词的意义相同或相近。现代汉语词汇系统中,采用这种双音法造词的词汇数量最多,比如:

道路、朋友、语言、人民、睡眠、脸面、购买、增加、依靠
生产、更改、爱好、书写、帮助、学习、答复、喜悦、寒冷
美丽、弯曲、宽阔、伟大、孤独、富裕、寂静、洗刷、聚集

采用这种双音法造词的新词和原单音词之间,词义和用法往往存在一定差异,并不完全相同,比如道/路/道路、睡/眠/睡眠、购/买/购买、爱/好/爱好、写/书写、帮/助/帮助、学/习/学习、寒/冷/寒冷、美/美丽。那么,应该如何考察这些词语之间的差异呢?最常用的办法就是借助词语在一定语境或上下文中的共现成分或常用搭配,来考察各组词语之间词义或用法上的差异。首先,可以观察到这几组词语出现的主要语境和上下文如下。

1. 人行横道、地下通道、下水道;路况、路灯、路牌;道路交通问题

2. 午睡、睡了三个小时;安眠药、催眠曲;睡眠质量、影响睡眠

3. 网购、限购、易购商品;买东西、买了一瓶水;购买经验、公司准备购买大量食品

4. 爱妈妈、爱花；好喝酒、好抽烟；有很多爱好、爱好书法

5. 写字、写作业、写得很慢；书写问题、书写规则、书写方法

6. 你帮我一下；自助餐、自助者天助、乐于助人；互相帮助、进行帮助、他给我很多帮助；在他的帮助下，我学会了开车

7. 学车、学琴；复习、预习、自习室；学习时间、学习方法、学习效果

8. 寒假、寒风、心寒、老寒腿；天气很冷；（空调）开冷风；寒冷的早晨

9. 美景、美人、美食、美文；美丽的风景、美丽的季节、美丽的爱情故事

然后，对各组词语出现的上下文和语境、共现成分和常用搭配进行分析归纳，确定相应的观察视角。实际上，上面几组同义词之间的差别可以从五个角度进行考察：一是单双音节搭配限制（如"学/学习""美/美丽"）；二是独立程度的差别（如"学/习/学习""睡/眠/睡眠"）；三是词义上的差别（如"寒/冷/寒冷"）；四是口语与书面语的差别（如"帮/助/帮助"）；五是句法功能上的差别（如"爱/好/爱好"）。

"道/路/道路"这组词，首先在单双音节搭配限制方面存在差异："道""路"都是单音节的，能与其他单音成分组合，比如"通道""路灯"；而"道路"为双音节词，一般只能与双音词搭配，如"道路问题"，不能与单音成分搭配。其次，"道""路"都是单音节的，但与单音成分组合时词义倾向不同："道"构成的双音词侧重通道的意思，比如"人行横道""地下通道"；"路"构成的双音词侧重区域或方位，比如"路灯""路牌""路障""路标"。

"睡/眠/睡眠"这组词，首先在单双音节搭配限制方面存在差异："睡""眠"都是单音节的，能与其他单音成分组合，比如"午睡""失眠"；而"睡眠"为双音节词，一般只能与双音词搭配，如"睡眠质量"，不能与单音成分搭配。其次，"道""路"都是单音节的，但在独立性方面存在差异："睡"可以作为单音词独立使用，比如"睡三个小时"；"眠"不能独立使用，只能与其他单音成分组合成词语，比如"安眠药""失眠"。此外，"眠"的书面性更强，在正式表达中比"睡"更常用，比如"一夜无眠"比"一夜没睡"更书面、更正式。

"买/购/购买"这组词，首先在单双音节搭配限制方面存在差异："买""购"都是单音节的，能与其他单音成分组合，比如"买书""购物"；而"购买"为双音节词，一般只能与双音词搭配，如"购买经验"，不能与单音成分搭配。其次，"买""购"都是单音节的，但在独立性方面存在差异："买"可以作为单音词独立使用，比如"买一本书"；"购"不能独立使用，只能与其他单音成分组合成词语，比如"网购""限购""易购商品"。此外，在词义方面，"购买"侧重数量多或较为贵重的东西，比如可以说"购买大量办公用品""购买一套房子"，但"一瓶水""几支笔"不能与"购买"搭配；"买""购"则没有这种限制，可以说"买/网购了一本书"，也可以说"买/网购了几百本书"。

"爱/好/爱好"这组词，首先在单双音节搭配限制方面存在差异："爱""好"都是单音节的，独立性也很强，既能与其他单音成分组合，比如"爱花""好吃"，也能与双音成分组合，比如"爱妈妈""好抽烟"；而"爱好"为双音节词，一般只能与双音词搭配，如"爱好音乐""爱好舞蹈"，不能与单音成分搭配。其次在句法功能方面存在差异："爱"的宾语可以是名词，也可以是动词，比如"爱书""爱说爱笑"；"好"的宾语只能是动词，不能是名词，比如"好吃、好喝、好抽烟、好打牌"；"爱好"的宾语一般是名词或名词性成分，比如"爱好书法""爱好歌剧"。此外，"爱好"还有名词用法，"爱""好"只有动词用法。

"写/书写"这组词，主要在单双音节搭配限制方面存在差异："写"是单音词，且独立性强，因此能与其他单音成分组合，也能与双音成分组合，比如"写字""写信""写文章""写作业"；而"书写"为双音节词，一般只能与双音词搭配，如"书写规则""书写工整""书写问题""书写碑文"，不能与单音成分搭配。其次在词义方面存在差异："写"词义中包括构思内容和书写形式，如"写文章""写作业"；而"书写"只指书写形式，不包含构思内容。此外，"写"通用于口语和书面语，"书写"则较为书面，因此"写碑文"和"书写碑文"稍有不同。

"帮/助/帮助"这组词，首先在单双音节搭配限制方面存在差异："帮""助"都是单音节的，能与其他单音成分组合，比如"帮人""自助"；而"帮助"为双音节词，一般只能与双音词搭配，如"彼此帮助""互相帮助"

"进行帮助",不常与单音成分搭配。其次,"帮""助"都是单音节的,但在独立性方面存在差异:"帮"一般作为单音词独立使用,比如"帮我一把""不想帮他";"助"不能独立使用,只与其他单音成分组合成词语,比如"助人为乐""互助小组""自助餐"。此外,"帮助"有名词性用法,可以用在"感谢你的帮助""很多帮助""提供帮助""在……的帮助下"等短语中;"帮""助"只有动词用法。

"学/习/学习"这组词,首先在单双音节搭配限制方面存在差异:"学""习"都是单音节的,能与其他单音成分组合,比如"学车""学琴""自学""自习""习字";而"学习"为双音节词,一般只能与双音词搭配,如"学习开车""学习弹琴""自己学习""努力学习""刻苦学习",不常与单音成分搭配。其次,"学""习"都是单音节的,但在独立性方面存在差异:"学"可以作为单音词独立使用,比如"学了一个小时""学会了";"习"不能独立使用,只与其他单音成分组合成词语,比如"自习室""复习""预习""温习"。此外,"学习"有名词性用法,可以用在"(玩游戏)影响学习""学习问题""经过一个月的学习"等短语中;"学""习"只有动词用法。

"寒/冷/寒冷"这组词,首先在单双音节搭配限制方面存在差异:"寒""冷"都是单音节的,能与其他单音成分组合,比如"寒风""寒假""冷风""冷饭""冷淡""天冷";而"寒冷"为双音节词,一般只能与双音词搭配,如"天气寒冷""寒冷的早晨""寒冷的冬天",不常与单音成分搭配。其次,"寒""冷"都是单音节的,但在独立性方面存在差异:"冷"可以与其他单音成分组合成词,比如"冷风""冷淡",也可以作为单音词独立使用,比如"很冷""冷死了";"寒"不能独立使用,只与其他单音成分组合成词语,比如"寒风""寒假""心寒""老寒腿"。此外,在词义方面也存在差异,"寒冷""寒"是很冷的意思,程度比"冷"更高。

"美/美丽"这组词,首先在单双音节搭配限制方面存在差异:"美"是单音节的,能与其他单音成分组合,比如"美女""美人""美景""美照""美食""美文""美餐";而"美丽"为双音节词,一般只能与双音词搭配,如"美丽的风景""美丽的容貌""美丽的姑娘",不能与单音成分搭配。其次,在词义方面存在差异:"美"既可指外在的美,比如"美景""美女",也可以指内在的美,比如"美文""美餐";"美丽"多指外在的、可以看到的美，比如"美丽的容貌""美丽的风景"。

可以看出，单双音节搭配限制方面的差异是这些单双音同义词之间最重要的差异，所有单双音同义词都存在这方面的差异。

你能说出下列句子中画线词语选用的原因吗？

1. 你得学习一下汉字的书写规则。（写/书写）
2. 这个城市的路灯很特别。（路/道路）
3. 喝咖啡可能会影响睡眠。（睡/眠/睡眠）
4. 为方便顾客购买大件商品，超市提供免费送货服务。（购/购买）
5. 在一个寒冷的早晨，他离开了家乡。（冷/寒冷）
6. 我听说过一个美丽的爱情故事，特别感人。（美/美丽）
7. 在朋友的帮助下，我学会了骑马。（帮/帮助）
8. 暑假里，学车、学琴的人特别多。（学/学习）

第四，在原有单音词的基础上，添加一些单音的意义虚化成分，从而产生新的双音词，比如：

1. 石头、木头、砖头、舌头、指头；
2. 桌子、椅子、帽子、裙子、碟子、尾巴；
3. 虽然、忽然、竟然、突然；
4. 老师、老虎、老鼠、老鹰；
5. 阿姨、阿婆、阿公、阿姐、阿哥；
6. 聋子、瞎子、瘸子、傻子、锥子、剪子、铲子、锯子；
7. 想头、看头、苦头、甜头；

上面各词中，"头""子""巴""然""老""阿"都是附加的意义虚化成分。这些成分原来都是独立的词，有具体而实在的意义，但在新构成的双音词中，原有意义已完全失去或变得模糊不清。这类双音词可分为两类：第一类添加意义虚化成分后，新词与原词意义完全相同，只是在用法上存在一些差异（第1~5组）；第二类添加意义虚化成分后，新词与原词词性不同，意义不同，用法也不同（第6~7组）。

第1~5组添加意义虚化成分后，新词与原词意义完全相同，只是在用法上存在一些差异。其中最主要的差异是：新词的使用更自由，而原有单音词的使用会受到限制。这些单音词在现代汉语中已经不能自由使用，不能独立充当句子成分，只能充当构词成分或与其他单音成分组合成短语。具体而言：

第1组的五个名词都可以与数量短语自由组合，构成"一块石头/砖头""一截木头""一条舌头""一根指头"。而"石""木""砖""舌""指"都不能与数量短语自由组合，只能充当构词成分或与其他单音成分组合成短语，比如"石屋""木船""砖墙""火舌""戒指"。

第2组的六个名词都可以与数量短语自由组合，如"一张桌子""两把椅子""一顶帽子""一条裙子，三个碟子""一条尾巴"；而单音词"桌""椅""帽""裙""碟""尾"都不能与数量短语自由组合，只能充当构词成分或与其他单音成分组合成短语，比如"方桌""摇椅""棉帽""围裙""飞碟""尾骨"等复合词或"桌椅""衣裙""鞋帽""碗碟""头尾"等并列短语。

第3组的四个虚词可独立充当句法成分，与其他句法成分之间可以保持清晰的边界。而"虽""忽""竟""突"一般需要与单音成分共现，对其他句法成分的依附性较强。比如，"我们正在上课，突然/忽然，外面下起雨来。""虽然这里环境不错，但交通不便。"句中的"忽然""突然""虽然"不能换作"忽""突""虽"。而在"天气忽冷忽热""气温突降""我虽不敏""他竟不知"这类较为正式典雅的表达中，把其中的"忽""突""虽""竟"换成相应双音词也同样不妥。

第4组的四个名词都可以与数量短语自由组合，如"一位老师""一头老虎""一只老鼠/老鹰"；而单音词"师""虎""鼠""鹰"都不能与数量短语自由组合，只能充当构词成分或与其他单音成分组合成短语，比如"师父""猛虎""田鼠""雄鹰"等复合词。

第5组的五个称谓名词都可以独立使用；而单音词"姨""婆""公""姐""哥"不能独立使用，只能与其他单音成分组合成词或短语，比如"姨妈""外婆""外公""表姐""姐妹""堂哥"等。

第6~7组添加意义虚化成分后，新词与原词词性不同，意义和用法也不同，但词义相关。具体而言：

第6组添加意义虚化成分"子"后，"聋子""瞎子""瘸子""傻子""推子""剪子""铲子""锯子"都是名词；而原来的单音词"聋""瞎""瘸""傻""推""剪""铲""锯"或为形容词或为动词。同时，原词与新词之间词义相关，"聋子""瞎子""瘸子""傻子"是具有原单音形容词所指称的性质特征的人，而"推子""剪子""铲子""锯子"则是原单音动词所指称的动作行为相对应的工具。

第7组添加意义虚化成分"头"后，"想头""看头""苦头""甜头"都是名词；而原来的单音词"想""看""苦""甜"或为形容词或为动词。同时，原词与新词之间词义相关，"想头""看头"词义抽象，指的是值得想/值得看的方面；"苦头"指坏处或损失，"甜头"指好处或利益。

二、简缩法造词

简缩法就是把原来的词组等复杂结构简缩成词，也叫简称。比如：

北京大学（北大）　　外交部长（外长）　　青年少年（青少年）
人民警察（民警）　　父亲母亲（父母）
身体好、学习好、品德好（三好）

用简缩法造出的新词与原词的意义完全相同。简缩法一般的做法是，在原形式中找出代表字，组合成一个新词。具体可以分为以下几种类型：

1. 都取双音词的前字，比如：北京大学（北大）；父亲母亲（父母）。
2. 都取双音词的后字，比如：教师学生（师生）；优良品种（良种）。
3. 一半取前字，一半取后字，比如：森林警察（林警）；住宅电话（宅电）。
4. 截取全称的前半部分，比如：清华大学（清华）；复旦大学（复旦）。
5. 混合形式，比如：首都经济贸易大学（首经贸）；北京航空航天大学（北航）。

简缩法造词的原则主要有取首字、避免歧义、表义清楚、同字省略，其中最重要的是取首字原则和避免歧义原则。

取首字原则指选取各双音成分的首字组合成词。取首字原则符合心理学的认知规律，因为人们往往对最先出现的成分印象最深。据统计，70%多的汉语简称是取首字的。比如，"森林警察""邮政编码"最早的简缩形式为"林警""邮码"，后被"森警""邮编"代替。

避免歧义原则表现为简缩时略去原词中表示词义类别的成分，留下表明差异的成分。比如"清华大学""复旦大学""同济大学"简称"清华""复旦""同济",因此,"北京大学""清华大学"同为北京高校,简缩成词的方式却不一样。避免歧义原则也常常表现为简缩时避免与其他词语同形或同音。比如,"家庭装饰"可简缩成"家装""家饰",但"家装"已是"家庭装修"的缩略形式,为避免同形产生歧义,所以简称"家饰"。

不过,也有些简缩造词违背避免歧义原则,刻意追求同形歧义,为的是达到幽默有趣的表达效果。比如"白骨精"本是《西游记》中的一个狡猾、做坏事的妖精,现在用来指在大公司中工作的具有"白领+骨干+精英"特征的年轻成功女性。《西游记》在中国文化中影响很大,"白骨精"的新词新义与旧词旧义在指称义与感情色彩上形成巨大反差,造成诙谐幽默的表达效果。其他如"新西兰"(新疆–西藏–兰州)、"新马泰"(新街口–马甸–太平庄)等。不过,追求同形歧义的简缩造词往往不容易被激活,因此这类词语数量相对较少。

据研究者统计,1986 年出版的《现代汉语缩略语词典》中两字的缩略语有 538 个,其中 78% 是略去义类的,比如"清华大学"简称"清华"。2003 年出版的《实用缩略语词典》中,80% 的缩略语是通过取首字的方式形成的,比如"北京大学"简称"北大"。两种统计结果上的明显差异或许与所收录缩略语的成词时间有关,《实用缩略语词典》收入了更多后来二十年间新产生的词语。这或许表明,汉语缩略语造词的主要方式已开始由略去义类转变为取首字。

三、说明法造词

如果让你尝试借助下面这些说明文字给相关事物命名,你会如何命名呢?

1. 一种没有人驾驶的飞机。
2. 一种需要跨过很多栏杆的运动。
3. 一种用木头盖的房子。
4. 一种用来保护膝盖的物品。
5. 一种可以让水变得更干净的机器。
6. 洋葱最里面的部分。

汉语中指称以上六种事物的词语分别是无人机、跨栏、木屋、护膝、净水器、洋葱心。汉语对这些事物的命名,采用的就是说明法造词。

说明法造词是通过对事物进行说明而产生新词的方法。汉语中常见的说明法造词主要有以下九种类型。

(一) 针对事物的性质特征进行说明

这种造词法产生的都是名词，比如方桌、硬座、石碑、晚会、甜瓜、铅笔、木偶戏、回形针。这类词语一般由两个部分组成，后一部分表明事物所属的类型，前一部分为事物具有的较为突出或受到关注的性质特征。"方桌"即桌面为方形的桌子，"方"是事物的性质特征，即方形；"桌"是事物的类属，即这是一种桌子。同样，"甜瓜"中，"甜"是事物的性质特征，"瓜"是事物的类属。

(二) 针对事物的用途进行说明

这种造词法产生的也都是名词，比如雨衣、书桌、餐具、耕地、烤炉、浴室、洗衣粉、扩音器、保温瓶、消毒水、洗碗机。这类词语一般由两个部分组成，后一部分说明事物所属的类型，前一部分表明事物的用途。在"雨衣"中，"雨"说明事物的用途，即用于防雨，"衣"指明事物的类属，即这是一种衣服。"洗碗机"中，"洗碗"说明事物的用途，即用来洗碗，"机"指明事物的类属，即这是一种机器。

(三) 针对事物的领属者进行说明

这种造词法产生的都是名词，比如豆芽、鱼鳞、树叶、日光、羊毛、盒盖、瓶口、笔尖、衣领、灯座、屋顶、鞋带、火车头、白菜心、橘子皮、鸡蛋黄。这类词语一般由两个部分组成，前一部分表明事物的领属者，后一部分说明事物的类属。"树叶"指称"树的叶子"，其中"树"为领属者，"叶"为事物类型，即这是一种植物的叶子。"羊毛"指称"羊的毛"，其中"羊"为领属者，"毛"为事物类型，即这是一种毛发。

(四) 针对事物的颜色进行说明

这种造词法产生的都是名词，比如红旗、白面、白云、蓝天、黄土、绿豆、绿茶、黑猩猩、红绿灯、红药水。这类词语一般由两个部分组成，前一部分表明事物的颜色特征，后一部分说明事物所属的类型。比如，"红旗"指称红色的旗子，"白云"指称白色的云。

(五) 通过在原词基础上添加事物类属进行说明

这种造词法产生的都是名词，比如菊花、芹菜、淮河、松树、蝗虫、牡丹花、白杨树。这类词由两个直接成分构成，其中前一成分是汉语中原有的单音词，也就是事物的原有名称，即"菊""芹""淮""松""蝗""牡丹""白杨"；后一成分表明事物所属的类别，是后来添加的部分，即这种事物为一种"花""菜""河""树""虫""花""树"。值得注意的是，由于现代汉语中双音词语占绝对优势，人们往往习惯于在实际使用中对单音词和多音词进行双音化改造。因此，这类词语的前一成分为双音成分时，表明类属的后一成分常常会被省略，比如"牡丹花""白杨树"可以直接说成"牡丹""白杨"。而如果前一成分为单音成分，表明类属的后一成分则绝对不能省略，也就是说，"菊花""芹菜""淮河""松树""蝗虫"几个词中的"菊""芹""淮""松""蝗"一般不能单说单用。

(六) 通过在原词基础上添加单位名称进行说明

比如人口、纸张、船只、车辆、枪支、花朵、案件、书本，这些词都由两个直接成分构成，前一成分为事物名称，后一成分为该事物对应的量词。在"人口""纸张""车辆"中，"人""纸""车"对应的量词分别为"口""张""辆"，二者组合在一起构成一个新的双音词。

需要说明的是，添加单位名词（即量词）后构成的新词与原词的词义并不完全相同，在用法上也存在差异。这些新词都是集合名词，指称的是事物的群体，不能指称独立的个体。比如，可以说"五口人""两张纸""这只船""那辆车"，不能说"五口人口""三张纸张""这只船只""那辆车辆"。这类集合名词一般只能与"一些""很多""不少""大量""少数"等词语连用。

(七) 通过描述事物情状进行说明

比如静悄悄、白茫茫、亮晶晶、冷冰冰、泪汪汪、笑嘻嘻、雾蒙蒙、沉甸甸，这些词语都是用来描述事物的某种状态的，称为状态形容词。这些词都由两个直接成分构成，前一部分为某种性质或事物，后一部分是对这种性质或事物的情状描述。比如"悄悄""茫茫"描述的是"静""白"的情状，"汪汪""蒙蒙"描述的是"泪""雾"的情状。状态形容词的用法与一般性质形容词不同。首先，状态形容词词义含有程度高的意思，前面一般不能出现程度副词"很""特别""非常"等。比如，"静悄悄"是非常安静的意思，因此不能说"很静悄悄"。其次，状态形容词的句法位置相对固定，只能用在名词前面作定语，或者用在名词后描述事物的情状。可以说"静悄悄的房间"或者"房间里静悄悄的"，可以说"亮晶晶的眼睛"或者"眼睛亮晶晶的"。比如下面各句中的画线词语：

1. 下雪了，出门一看，到处都是白茫茫的。
2. 早上六点，教室里静悄悄的，没有一个人。
3. 对很多父母来说，教育是一项沉甸甸的责任。
4. 他的眼睛亮晶晶的，好像会说话。
5. 阴天时，远山看上去雾蒙蒙的，看不太清楚。
6. 他对人总是冷冰冰的，因此朋友很少。
7. 她两眼泪汪汪的，应该是遇到了什么伤心事。
8. 他整天笑嘻嘻的，好像什么事都不担心。

(八) 针对事物的数量进行说明

比如二手、十分、十足、百般、千金、万物、万能、四重奏、五角星、千里马、百日咳，这类词语由两个直接成分构成，前一成分都为数量词。值得注意的是，这些词语中的数量词，有些是实指，比如"二手""四重奏""五角星"中的"二""四""五"；更多的则不是实指的，比如"十分""十足""百般""百日咳""万物""万能""千金""千里马"中的数字"十""百""万""千"，只是表明数量多或程度高。

这类词语的词性往往各不相同，可以是名词、动词、形容词或副词。比如下面这些句子中的画线词语：

1. 听说这次演出十分精彩，我想去看看。
2. 他为了省钱，就买了一辆二手车。
3. 他因为玩游戏影响了学习，我百般劝解，他一直不听。
4. 金钱不是万能的，有些东西用钱是买不到的。
5. 这次考试我准备了很久，已经有了十足的把握。
6. 这是我爷爷的爷爷留下的东西，对我来说价值千金。
7. 昨天我去听了一场音乐会，是钢琴四重奏。

8. 我认为，在这个世界上，万物都有存在的理由。

（九）针对事物的某种典型性状进行说明

比如年轻、自动、地震、口红、举重、签名、提高、放大、二人转、脑溢血，这类词语由两个直接成分构成，两个直接成分共同完成对事物、动作行为或性质的某种典型性状的说明。此外，这类词语的词性比较复杂，分属名词、动词、形容词、副词等不同词类，具体如下：

"年轻"为性质形容词，其典型性状是"年纪轻"。

"自动"为副词，其典型性状是"自己主动"（不靠外力）。

"地震"为动词，其典型形状是"大地震动"。

"口红"为名词，一种化妆品的名称，其典型性状是"使口唇变成红色的"。

"举重"为名词，一种运动项目的名称，其典型性状是"（人）把很重的东西举起来"。

"签名"为动词，其典型性状是"（人）把自己的名字签在某处"。

"提高"为动词，其典型性状是"把事物提到更高程度或水平"。

"放大"为动词，其典型性状是"让事物变成比以前大的"。

"二人转"为动词，一种表演形式，其典型性状是"两人一起在舞台上转来转去"。

"脑溢血"为名词，一种脑部突发疾病，其典型性状是"大脑内部突然出血"。

第四节　借助修辞手段造词

与修辞方式有关的造词法主要是比喻法造词。比喻造词是指人们在造词时借助自己的联想，在新旧事物之间发现某种相似性，从而利用已知的旧事物来为新事物命名。

借助比喻手段产生的词语，有的是全部成分合在一起，整体构成比喻，比如：

【龙眼】一种水果的名称。果实球形，外皮黄褐色，果肉白色。从外形和颜色看,像龙的眼睛。

【佛手】一种植物,果实像人握起来的拳头,因此叫"佛手"。

【鸡眼】一种皮肤病,长在脚掌或脚趾上的小圆硬块,样子像鸡的眼睛。

【虎口】大拇指和食指相连的部分,拇指和食指打开时像老虎张开的嘴巴。

【猴头】真菌的一种,形状像猴子的头。

另外一些词语,一半构词成分以比喻义参与造词,另一半以概念义参与造词。比喻造词产生的词语,其意思往往不能由构词成分的概念义直接推求,需要借助联想,考虑其相关成分的比喻义。比如:

"木耳"是一种食物,因为长在木头上,形状像耳朵而得名。其中"耳"是比喻义。

"木马"是一种玩具,因为是木头做的,样子像马而得名。其中"马"是比喻义。

"云梯"是一种梯子,因为似乎跟天上的云一样高而得名。其中"云"是比喻义。

"人海"是指人非常多,很大的一片,像大海一样。其中"海"是比喻义。

"冰冷"形容像冰一样,非常冷。其中"冰"是比喻义。

"火热"形容像火一样,非常热。其中"火"是比喻义。

"笔直"形容像笔一样直。其中"笔"是比喻义。

"狮子狗"形容这种狗的头部毛发很多,样子像狮子。其中"狮子"是比喻义。

"喇叭裤"形容这种裤子上面瘦、下面肥,样子像喇叭。其中"喇叭"是比喻义。

其他词语如雪花、天河、虾米、板油、瓜分、林立、雪白、杏黄、鸭舌帽、鸡冠花、金丝猴、安全岛。

小 结

现代汉语词汇系统中,绝大多数双音词的产生都有一定的造词理据,都可以说明其语音和词义是怎样结合在一起的，以及为什么会这样结合。了解汉语造词法，特别是了解汉语词汇的造词理据，可以帮助学习者根据造词法的不同确定相应的词汇学习策略以及词汇记忆、存储的方式。本讲内容的第二、三、四节分别介绍三种具有理据的造词法，即与语音有关的造词法、与词汇成分有关的造词法、与修辞有关的造词法。

与语音有关的造词法主要包括摹声法和音变法造词。摹声法造词包括两类：一类与事物发出的声音，如动物、植物、人发出的声音有关；另一类与外来语借词有关。值得注意的是，摹声法产生的词，其音节形式都与汉语的语音特点相符，每个音节都由声母、韵母和声调组成。音变法造词就是一般所说的儿化，汉语中的儿化词有些可以区别意义，有些则不区别意义，只为原词添加上一些情感态度色彩。

与词汇成分有关的造词法主要有双音法造词、简缩法造词和说明法造词。双音法造词是通过单音词重叠、同义或近义单音成分合并，以及在单音词基础上添加意义虚化成分等方式，使单音词变成双音词。双音法造词产生的双音词，有的与原词词义相同或相近，有的与原词词义相关，有的与原词词义无关。简缩法造词是把原来的词组等复杂结构简缩成词。简缩法造词一般是在原形式中选择代表字组成新词，取首字和避免歧义是最重要的简缩原则。说明法造词是通过对事物进行说明而产生新词的方法，数量最多的是名词，也包括一些动词和形容词。其中，名词主要是通过对事物的性质特征、颜色、用途、领属等方面进行说明，构词形式一般是说明性成分在前，表示事物所属类型的成分在后。

借助修辞手段造词，主要是通过比喻方式造词。比喻造词是人们借助联想，在新旧事物之间构建某种关联，从而借助旧事物来为新事物命名。比喻式词语中，全部或部分构词成分不是以概念义而是以属性义参与造词，因此不能用常规方式直接由构词成分义推求词义。

补充资料　汉语"+儿"／"+子"造词及其异同

一、"+儿"

汉语中儿化的作用主要有三个方面：

1. 儿化不区别意义。不过儿化后，词语带有小或亲近喜爱的意味，比如小猴/小猴儿、小孩/小孩儿。

2. 儿化可以区别意义。某些动词或形容词儿化后变成名词，儿化前后两个词语的词义往往直接相关，比如画/画儿、刺/刺儿、盖/盖儿、扣/扣儿、铲/铲儿、尖/尖儿。其中：

"画"是动作，"画儿"是"画"的结果。

"扣"是动作，"扣儿"是"扣"的对象。

"刺"是动作，"刺儿"是具有"刺"功能的事物。

"盖"是动作，"盖儿"是"盖"的工具。

"铲"是动作，"铲儿"是"铲"的工具。

"尖"是性质，"尖儿"是具有性质"尖"的事物。

某些量词或名词儿化后，词义改变。儿化词与原词的词义有时相关，有时无关，比如个/个儿、本/本儿、信/信儿、门/门儿。其中，"个"与"个儿"词义无关，"本"与"本儿"、"信"与"信儿"、"门"与"门儿"词义相关。

二、"+子"

汉语中"+子"的作用主要有两个方面：

1. 可以区别意义。在有些单音动词或形容词后加上"子"，这个词就变成名词，加"子"前后的两个词语，词义往往直接相关，比如聋/聋子、傻/傻子、瞎/瞎子、推/推子、剪/剪子、梳/梳子。其中，"推""剪""梳"指称三种动作，而"推子""剪子""梳子"指称的是完成这三种动作的工具。

2. 在原有单音名词后加上"子"，这个词还是名词，词义不变，比如桌/

桌子、椅/椅子、柜/柜子、箱/箱子、车/车子、房/房子。

因此,"+儿""+子"的相同之处是都可使单音形容词或动词变为新的名词,且新词与原词词义直接相关。汉语中有的词,后面既可以加"儿",又可以加"子",其差异是"+儿"后的名词常常带有小或亲近喜爱的感情色彩及口语色彩,而"+子"后的名词一般不含任何感情或语体色彩。试比较一下:盖儿/盖子;扣儿/扣子;铲儿/铲子;本儿/本子。此外,只有单音名词后可以加"子",名词加"儿"则没有音节限制,无论单音名词还是双音名词都可以。总体而言,"+儿"比"+子"产生的词语带有更多的感情或语体色彩。

第四讲　现代汉语词汇的结构方式[①]

从结构方式的角度观察现代汉语词汇，可以发现两点：一是现代汉语词汇数量虽多，但其结构方式的类型相对固定。二是虽然因适应社会交际的需要，词汇系统随着社会的发展而不断发生变化，新词语大量出现，其结构方式的类型却一直相对稳定。因此，了解汉语词汇的结构方式，把握汉语词汇的结构规律，可以增强学习者对汉语词汇的识解和记忆，从而提高词汇学习的效率。

观察汉语词汇的结构方式，可以主要从以下两个角度入手：一是语音方面，包括词的音节数量和音节结构关系。二是词的构成成分方面，包括词的构成成分的数量、性质和组合方式。

第一节　从语音角度看汉语词汇的结构方式

一、汉语词汇的音节数量

从音节数量来看，汉语词汇可以分为单音词和多音词。单音词是一个音节构成的词，多音词是两个或两个以上音节构成的词。比如：

1. 人、手、足、头、口；日、月、树、山、牛、羊
2. 人民、风景、建筑、电视机、世界观、摩托车、奥林匹克

上面第 1 组词为单音词，第 2 组词包括双音词、三音词、四音词等多音词。现代汉语词汇中，双音词占绝大多数，单音词、三音词占有一定比例，三音以上的词所占比例很小。据统计，汉语中从双音词到三音词、四音词及

[①] 本讲主要参考文献为：葛本仪. 现代汉语词汇学 [M]. 修订本. 济南：山东人民出版社，2011.

以上，音节数量越多，词汇的数量越少。

二、汉语词汇的音节结构关系

从音节之间的结构关系来看，汉语词汇可以分为重叠式和非重叠式。汉语中的大部分词汇是非重叠式词汇，而重叠式词汇是汉语中更具特色的一类词。请看下面四组词：

1. 爷爷、奶奶、刚刚、往往、渐渐、悄悄——单音重叠（AA 式）
2. 花花绿绿、星星点点、密密麻麻、歪歪扭扭——双音重叠（AABB 式）
3. 绿油油、冷冰冰、泪汪汪、美滋滋、亮晶晶——部分重叠（ABB 式）
4. 公司、美丽、提高、担心、口红、办公室——非重叠

上面四组词中，前三组为重叠式词汇，第 4 组为非重叠式词汇。需要注意的是，重叠式词汇与词汇的重叠形式是有明显差异的。重叠式词语是汉语词汇系统的成员，重叠是汉语词汇结构方式之一。有的重叠式词语存在与之对应的非重叠形式，有的则不存在非重叠形式。比如：第 1 组中的词语与其非重叠形式，即"爷"与"爷爷"、"奶"与"奶奶"、"刚"与"刚刚"、"往"与"往往"都属于现代汉语词汇系统的成员，都是独立的汉语词汇。而第 2 组和第 3 组中的各词，在汉语中不存在与之相对应的非重叠形式，也就是说，汉语中并不存在"花绿""星点""密麻""歪扭""绿油""冷丝"等词语。

词语的重叠形式则不同，它们与原词属于同一个词的不同形式。词语的重叠形式属于语法范畴，具有一定的语法意义。也就是说，"干干净净"与"干净"、"高高兴兴"与"高兴"、"介绍介绍"与"介绍"、"散散步"与"散步"、"聊聊天"与"聊天"在词典中是一个词而不是两个词。此外，词语的重叠形式与原词的差异表现在语法意义与语法功能方面。比如，与原词"干净"相比，重叠形式"干干净净"增加了程度义，不能再受程度副词"很""非常""特别"修饰。而"介绍介绍"在原词"介绍"的基础上增加了"少量""尝试"等语法意义。

因此，看似相同的重叠形式，比如"高高兴兴"与"花花绿绿"、"散散步"与"绿油油"，是有本质不同的。前者是原词的语法变体，后者是独立的词语；前者在词典中查不到，后者在词典中能查到。

下面这些句子中，哪些该用原词，哪些该用原词的重叠形式，你知道吗？

1. 听说这本书不错，我_____，可以吗？（看）
2. 她长得很漂亮，头发_____的，眼睛_____的。（长/大）
3. 今天他_____，不上班。（休息）
4. 这个房间太脏了，你得_____。（收拾）
5. 寂寞的时候，我们_____、_____，就会开心起来。（听音乐/跳舞）
6. 他的爱好是_____。（看电影）

第二节　从构成成分的数量看汉语词汇的结构方式

现代汉语中，词汇的构成成分数量是不同的，有的只有一个构成成分，有的则有两个或两个以上构成成分。其中，由一个成分构成的词叫单纯词，由两个或两个以上成分构成的词叫合成词。

一、单纯词

汉语中的单纯词只有一个构词成分，但并非都是单音节词。实际上，汉语单纯词可以是一个音节的，也可以是两个或多个音节的。下列四组词语都是单纯词，但音节数不同。

1. 人、手、天、地、花、鸟——单音词
2. 仿佛、忐忑、含糊、澎湃、伶俐、蜘蛛——声母相同的双音词
3. 苗条、徘徊、葫芦、迷离、朦胧、逍遥——韵母相同的双音词
4. 琵琶、萝卜、咖啡、吉普、夹克、芭蕾、意大利、奥林匹克——外来词

从类型来看，现代汉语中的单纯词主要包括三种类型：一是单音词（第1组）；二是双声叠韵词（第2~3组）；三是多音节外来词（第4组）。前两类词是汉语中固有的，第三类是来自其他语言中的借词，这类词的音节数与外语原词的音节数有关。

单纯词都是由一个成分构成的，词语的意义是一个整体，不能进行意义分解。对学习者来说，学习单纯词时只能把它作为一个意义整体来理解和记

忆，无论是双音节词还是多音节词，都不能试图通过分析其不同音节成分的意义（或汉字的字义）来推求词义。比如："忐忑"是"内心感觉不安"的意思，"忐""忑"两个成分却没有各自独立的意思；"咖啡"借自英语coffee，只有整体词义，两个构词成分"咖""啡"都与词义无关。

二、合成词

包含两个或两个以上构词成分的词，称为合成词。比如：
- 老虎、老师、阿姨、帽子、舌头、尾巴、桌子、椅子
- 朋友、松树、门口、白菜、冰冷、反正、开关、长短、天地、骨肉、谢幕
- 研究生、文化馆、洗衣机、游戏厅、体育场

汉语合成词一般都包含两个直接构词成分，比如，"老虎"的直接构词成分是"老"和"虎"，"反正"的直接构词成分是"反"和"正"，"研究生"的直接构词成分是"研究"和"生"。

大部分合成词的意义都与其构成成分的意义相关，词义往往可以从构成成分的意义中推求出来。不过，不同词语的词义透明度不同。词义透明度反映的是汉语合成词的词义与其构成成分的意义之间的关联程度。对于词义透明度高的词，一般能比较容易地由构词成分义推求词义，如"门口""研究生""洗衣机"等。对于词义透明度低的词，由构词成分义推求词义的难度往往较大，如"骨肉""天地""反正"等。

因此，对于词义透明度不同的合成词，学习者应该区别对待，采用不同的学习方法。对于意义关系比较透明的合成词，比较适合采用语素分析法进行学习和记忆；而对于意义关系不太透明的合成词，采用整词记忆法或许更为有效。

第三节 从构成成分的性质看汉语词汇的结构方式

一、词根与词缀

现代汉语词汇中，由两个直接成分构成的合成词最多。合成词的构成成

分，其性质是不同的，有的成分有实际意义，叫作词根；有的成分没有实际意义，叫作词缀。

从构词成分的性质来看，汉语合成词的结构方式主要有两种：一是"词根+词缀"组合，比如"老师""初一""桌子""舌头"，称为"派生词"。二是"词根+词根"组合，比如"朋友""火车""口红""提高"，称为"复合词"。

词根在词语中的位置不是固定的，而词缀的位置都是固定的，或在前位，或在后位。在前位的词缀叫前缀，在后位的叫后缀。

二、前缀与后缀

在"词根+词缀"组合而成的汉语派生词中，其中一个成分是具有实际意义的词根，另一个成分是不具实际意义的词缀。汉语的词缀，有前缀，也有后缀。

前缀+词根：老鹰、老虎、老师、阿姨、第一、第三、初五、初十

词根+后缀：帽子、房子、石头、木头、竟然、忽然、敢于、属于、泥巴、尾巴、作家、画家、记者、作者、热乎乎、酸溜溜

值得一提的是，"词根+词缀"这种结构形式并不是汉语词汇的主要结构方式，"词根+词缀"组合而成的派生词在汉语词汇系统中所占比例很低，这是汉语与英语等其他语言词汇的重要差异之一。

思考：

英语或你的母语中有哪些常用词缀？哪些是前缀，哪些是后缀？你能列举一些"词缀+词根"组合而成的派生词吗？

三、汉语词缀的特殊性

汉语中，单纯的词缀并不多，这主要表现在两个方面：

一是很多词缀往往有词缀和词根的双重身份，在有些词语中以词缀的身份存在，在另一些词语中则以词根的身份存在。比如，"老师""老虎"中的"老"是词缀，而"老人""老家"中的"老"则是词根；"帽子""房子"

中的"子"是词缀，而"孔子""老子""棋子"中的"子"是词根；"石头""木头""舌头"中的"头"是词缀，而"车头""床头""开头"中的"头"是词根。

二是汉语中存在一批"类词缀"，比如"者""家""员""化""非"等。这些类词缀一方面具有词缀的特性，即在构词时的位置是固定的，或为前缀，或为后缀；另一方面具有词根的特性，即具有一定的实际意义，在构词时贡献一部分词义内容。比如：

1. 记者、作者、听者、老者、管理者、旁观者、志愿者、第三者
2. 作家、画家、歌唱家、艺术家、舞蹈家、音乐家、钢琴家
3. 职员、演员、营业员、售货员、售票员、管理员
4. 美化、深化、净化、年轻化、艺术化、生活化、机械化
5. 非政府组织、非正常死亡、非公有制经济

上面各组中，第1~3组词语的"者""家""员"三个类后缀都具有实际意义，都指称某类人。"X+者"类词语一般与职业无关，指的是充当某种角色、具有某种身份或性质的人，所涉及的行为或活动非常多样。"X家"类词语指的是从事某种职业的人，一般是对某个领域有较多研究和一定成就的脑力劳动者或艺术工作者。"X员"类词语指的也是从事某种职业的人，多为从事轻体力劳动或一般性脑力劳动的人员。一般来说，"X员"的职业类型不如"X家"那么专业，社会地位没有"X家"那么高，比如，只有成就非常高的"演员"才被称为"艺术家"。

第4组词语中，类词缀"化"具有实际意义，即"变化"。"X+化"类词语的意思是"变得X"或"使变得X"，比如"美化环境"的意思是"使环境变美"，"净化空气"的意思是"使空气变干净"，"生活越来越艺术化"的意思是"生活变得具有艺术感"，"艺术越来越生活化"的意思是"艺术变得具有生活气息"。第5组词语中，类词缀"非"具有实际意义，即"不是"或"不属于"。"非+X"类词语的意思是"不是X"或"不属于X性质"，比如"非政府组织"的意思是"不属于政府组织的组织"，"非正常死亡"的意思是"不是正常方式的死亡"。

第四节　从构成成分的组合方式看汉语词汇的结构方式

"词根+词根"是汉语词汇最主要的结构方式，也是汉语词汇最重要的特点。"词根+词根"组合而成的复合词，其构成成分都是根据汉语的句法规则组合在一起的。按照句法组合类型进行划分，汉语中"词根+词根"组合而成的复合词主要可分为六种类型：联合式、偏正式、补充式、动宾式、主谓式、重叠式。

一、联合式复合词

联合式词语，两个构词成分之间的关系是平等、并列的。汉语联合式词语，有的是同义成分联合，有的是反义成分联合，有的是意义相关成分的联合。比如：

1. 朋友、道路、语言、声音、离别、爱好、依靠、明亮、美丽、富裕、根本、宽阔

2. 来往、始终、天地、收发、是非、反正、开关、长短、得失、安危、利害、左右

3. 领袖、骨肉、江湖、眉目、岁月、心血、山水、人物、窗户、干净、妻子、柔软

上面三组词语中，从组合成分的意义关系来看，第1组为同义成分联合，第2组为反义成分联合，第3组为意义相关成分联合。

第1组词中，双音复合词与其两个成分的意义基本相同，往往能构成单双音同义词。比如：朋/友/朋友、道/路/道路、靠/依靠、美/美丽。

第2组中，双音复合词的词义与构词成分的意义关系较为复杂。其中，词义可以由构词成分义直接推求的只占少数，比如"收发"是"收+发"两个成分意义的联合。多数词语的词义可以由构词成分义间接推求，比如"开关"是可以控制开关的装置，"利害"指利益和损害，"始终"是从开始到最后（一直不变）。还有一些词语，词义与构词成分义完全无关，不能由构词成分义推求，比如"左右"是影响控制的意思，而"左""右"都是指称方向

的方位词。

词典中，反义成分联合复合词很多都有两个或两个以上义项，其中第一个为字面义，其他义项则与字面义直接或间接相关，是在字面义基础上发展而来的意义，往往比字面义更为抽象。对学习者来说，这类词语的意义和用法需要特别关注。比如：

【来往】①动来和去。②动交际往来。

【始终】①名指从开始到最后的整个过程。②副表示从头到尾；一直。

【天地】①名天和地。②名指人们活动的范围。

【是非】①名事情的正确和错误。②名背后传的话或议论别人的话（往往引起误会或纠纷）。

【反正】副①表示情况虽然不同而结果并无区别。②表示坚决肯定的语气。

【长短】①名长短的程度。②名意外的灾祸事故。③名是非；好坏。④副表示无论如何。

【得失】名①所得和所失；成功和失败。②利弊；好处和坏处。

【安危】名安全和危险，多偏指危险的一面。

【左右】①方位词。左和右两方面。②名身边跟随的人。③动支配；操纵。④方位词。表示概数。⑤副反正。

反义联合式复合词的意义和用法往往可以借助上下文语境来把握。比如下列各句中的画线词语：

1. 不管你同意不同意，反正我一定要出去。
2. 你一个人出门要小心，千万不能有个什么长短。
3. 虽然住得很近，但是我和她平时没有什么来往。
4. 虽然清楚这么做的利害，但他还是带病参加比赛了。
5. 我多次请他帮忙，可他始终没有答应。
6. 他喜欢说是非，很多人因为他的话吵架。
7. 在国家利益面前，他不想计较个人的得失。
8. 这是我自己的事，没有人可以左右我的决定。
9. 他不顾个人安危，从大水中救出两个孩子。
10. 他觉得，农村有自己施展才能最好的天地，因此想离开北京。

第3组为近义成分联合，词义与构词成分意义关系较为复杂。主要可以分为三类：

第一类词语的词义可以由构词成分义直接推求，是两个成分义的加合，比如"山水"是"山+水"两个成分意义的联合，泛指风景；"柔软"的意思是"柔和、不坚硬"，是"柔+软"两个成分意义的联合；"岁月"的意思是"年月"，是"岁+月"两个成分意义的联合。

第二类词语的词义可以由其中一个构词成分义推求，另一个成分与词义无关。比如"窗"的意思是窗户，"户"的意思是门，"窗户"的词义与"窗"相同而与"户"无关；"妻"的意思是妻子，"子"的意思是儿子，"妻子"的词义与"妻"相同而与"子"无关；同样，"人物"的词义与构词成分"人"有关，与"物"无关。

第三类词语的词义不能由构成成分义直接推求，但词义与构词成分义之间存在某种联系。这类词语的词义往往不是构词成分字面义的组合，而是在字面义基础上发展出来的更为抽象的意思，因此尤其需要关注。比如：

【领袖】字面义：领子和袖子（都是衣服的重要组成部分）。实际义：国家、政治团体、群众组织等的最高领导人。

【骨肉】字面义：骨头和肉（二者紧密相连不可分割）。实际义：①指父母兄弟子女等亲人。②比喻紧密相连，不可分割的关系。

【江湖】字面义：大江和大湖（流域面积都很大）。实际义：旧时泛指四方各地。

【心血】字面义：心和血（都是维系生命的重要器官和成分）。实际义：心思和精力。

另外，就词性而言，联合式复合词的词性，有的与构词成分相同，有的与构词成分不同。其中，由同义成分或意义相关成分联合而成的复合词，其词性往往与构词成分相同。比如，第1组和第3组中的"朋友""离别""美丽"、"领袖""窗户""柔软"，构词成分是名词性的，复合词也是名词；构词成分是动词或形容词，复合词也是动词或形容词。而由反义成分联合而成的复合词，其词性与构词成分可能相同，也可能不同。比如"来往""天地"的词性与构词成分相同，分别为动词和名词；"是非""长短"为名词，而构词成分为形容词；"开关""得失"为名词，而构词成分为动词；"反正""始终"为副词,而构词成分分别为形容词和动词。

二、偏正式复合词

汉语偏正式词语,两个构词成分之间是修饰与被修饰的关系,修饰性成分在前,中心成分在后。现代汉语词汇中,偏正式复合词数量最多,所占比例最高,是汉语的强势构词方式。从词性来看,偏正式词语可分为三类:名词性偏正式、动词性偏正式、形容词性偏正式词语。比如:

1. 汉语、红旗、飞机、公路、电车、开水、西医、跑鞋、梅花鹿、计算机、葡萄干、哈哈镜、毛毛雨、纪念碑

2. 重视、沉思、长跑、步行、伴读、鞭打、郊游、面谈、目送、耳语、冬泳、义演、病休、云集、林立、蜂拥、鱼贯

3. 雪白、笔直、冰冷、火热、血红、葱绿、湖蓝、姜黄

第1组名词,前面的修饰成分说明名词所指称事物的性质,后面的中心成分说明名词所指称的是什么事物。"汉语"中,"语"表明这是一种语言,"汉"表明使用这种语言的是中国人。由此可推知其他构词方式相同的词语,如"英语""法语""意大利语"。"飞机"中,"机"表明这是一种机械,"飞"表明其主要性能。由此可推知其他构词方式相同的词语,如"洗衣机""洗碗机""抽油烟机"。"电车"中,"车"表明这是一种车辆,"电"表明其主要特征,即以电为动力。由此可推知其他构词方式相同的词语,如"汽车""火车""自行车"。总之,这样的名词都可以借助一种有趣的问答形式表明其构词方式,比如:"什么车?电车。""什么鞋?跑鞋。""什么雨?毛毛雨。"

第2组动词,前面的修饰成分说明动词所指称动作的方式,后面的中心成分说明动词所指称的是什么动作行为。"长跑"中,"跑"是动作,"长"是跑的方式。由此可推知其他构词方式相同的词语,如"短跑""中长跑""往返跑"。"郊游"中,"游"是动作,即游玩,"郊"表明游玩的方式是在郊外进行。由此可推知其他构词方式相同的词语,如"春游""秋游""一日游"。其他词语类似,"目送"是用眼睛看着的方式送别,"耳语"是对着别人耳朵小声说话,"冬泳"是在冬天在户外游泳,"义演"是为了某种公益或慈善目的进行演出,"云集"是像云一样从四面汇聚,"鱼贯"是像鱼一样一

个接一个进出。总之,这样的动词都可以借助一种有趣的问答形式表明其构词方式,比如:"怎么打?鞭打。""怎么谈?面谈。""怎么送?目送。"

第3组形容词,后面的中心成分说明形容词所指称的是什么性质,前面的修饰成分限定或细分性质。"雪白"是像雪一样的白,其中"白"是性质,"雪"是对性质的限定。"笔直"是像笔一样的直,其中"直"是性质,"笔"是对性质的限定。"火热"是像火一样的热,其中"热"是性质,"火"是对性质的限定。总之,这样的形容词都可以借助一种有趣的问答形式表明其构词方式,比如:"什么样的红?血红。""什么样的绿?葱绿。"

此外,偏正式复合词的词性与后一成分,即中心成分相同。中心成分是名词性的,复合词即为名词;中心成分是动词性的,复合词即为动词;中心成分是形容词性的,复合词即为形容词。比如,中心成分"语""旗""机"是名词性成分,复合词"汉语""红旗""飞机"也是名词;中心成分"视""思""跑"是动词性成分,复合词"重视""沉思""长跑"也是动词;中心成分"白""直""冷"是形容词性成分,"雪白""笔直""冰冷"也是形容词。

三、补充式复合词

补充式词语,两个构词成分之间是补充与被补充、说明与被说明的关系,中心成分在前,补充成分在后。补充式词语可以分为四类。

第一类以事物所属的类别作为原有名词的补充成分。比如,松树、芹菜、蝗虫、梅花、淮河、鲫鱼、月季花、茅台酒、水仙花、水晶石,其中,"松""芹""蝗""梅""淮""鲫""月季""茅台""水仙""水晶"为汉语中的原有名词,指称某种事物,与之对应的"树""菜""虫""花""河""鱼""酒""石"是补充成分,表明名词所指称事物所属的类别。需要说明的是,因为汉语词汇的音节限制,补充式词语如果是双音词,补充成分一般不能省略;如果是三音词,补充成分则可以省略。比如,"院子里有一棵松树",不能说"院子里有一棵松";但"家里有一瓶茅台酒"可以说"家里有一瓶茅台"。

第二类以事物的类别量词作为原有名词的补充成分。比如,船只、枪支、书本、纸张、车辆、人口、房间、花朵、马匹、钟点、事件、信件、稿件,其中，前一成分是名词，指称某种事物；后一成分为与前面名词对应的量词。这类词语都是集合名词，是某类事物的统称，与指称个体事物的名词不同。因此可以说"一只船""两辆车""三张纸"，但不能说"一只船只""两辆车辆""三张纸张"。

第三类以动作结果作为原有动词的补充成分。其中，前一个成分是动词，指称某种动作行为，后一成分是动作行为的结果，二者是补充与被补充的关系，比如提高、改进、降低、放大、缩小、分清、说明、改正、延长、记住、扩大、遇见、推进、说服、抓紧。

第四类以事物的情状作为原有单音形容词的补充成分。其中，前一个成分为单音形容词，指称某种性质，后一成分表示某种特定的情态，二者之间是补充与被补充的关系，比如白茫茫、静悄悄、笑哈哈、冷冰冰、泪汪汪、亮晶晶、灰蒙蒙、恶狠狠。这类复合词常用来描述某种状态，被称为状态形容词，而原有单音词指称的是某种性质，为性质形容词，二者在用法上存在明显差异。

此外，从词性来看，补充式复合词的词性与前一成分，即中心成分相同。中心成分是名词性的，复合词即为名词，比如第一和第二类。中心成分是动词性的，复合词即为动词，比如第三类。中心成分是形容词性的，复合词即为形容词，比如第四类。

四、动宾式复合词

动宾式词语，两个构词成分之间是支配与被支配的关系。其中，前一成分是动词性成分，为支配成分；后一成分为名词性成分，是动作的对象，是被支配成分。比如：

1. 动员、埋头、担心、负责、留意、出气、出版、毕业、吃亏、抱歉、吹牛、失眠

2. 知己、司机、理事、护膝、管家、保安

3. 贴心、放心、安心、得意、吃力

动宾式复合词词性比较复杂，其中有名词、动词，也有形容词。上面三组词中，第1组为动词，第2组为名词，第3组为形容词。其中，动词性动宾式复合词的数量最多。

动宾式词语虽然多数为动词，但复合词的词性与其两个构词成分的性质并无直接关联，其中似乎也无规律可循。因此，对于这类词的词性、意义和用法，不能进行主观判断，在学习和使用时需要特别注意。

五、主谓式复合词

主谓式词语，两个成分之间是陈述与被陈述的关系，其中前一成分为名词性成分，是被陈述对象；后一成分是动词性或形容词性成分，为陈述性成分。比如：

1. 地震、海啸、山崩、目击、自杀、人为
2. 自觉、面熟、眼红、神往、性急、头疼、心疼、心寒、心酸、气馁、锋利、肉麻、手软
3. 口红、肺结核、胃下垂、脑溢血、肝硬化、心绞痛、肾结石

这类词语都可借助一种有趣的问答形式表明其构词方式："地怎么了？地震了。""心感觉怎么样？心疼。""手感觉怎么样？手软。""胃怎么了？胃下垂。"

需要注意的是，主谓式复合词的词性也比较复杂，有动词，有名词，也有形容词，其中并无规律可循。比如，第 1 组皆为动词，第 2 组皆为形容词，第 3 组皆为名词（除"口红"外皆为某种疾病的名称）。因此，对于主谓式词语的词性、意义和用法，同样不能进行主观判断，在学习和使用时需要特别留意。

六、重叠式复合词

重叠式复合词，两个直接构成成分的形式一样，是重合关系。比如妈妈、星星、渐渐、悄悄、爷爷、奶奶、婆婆妈妈、星星点点、歪歪扭扭、花花绿绿。

值得注意的是，在意义方面，有些重叠式复合词的词义与构成成分意义完全相同（比如"妈"与"妈妈"），有些与构成成分的意义完全不同（比如"奶"与"奶奶"）。在词性方面，有些重叠式复合词的词性与构成成分的性质相同，比如"爷"与"爷爷"都是名词性的，"渐"与"渐渐"都是副词性的；而有些则与构成成分的性质不同，比如"婆婆妈妈""星星点点"

是形容词性的，而其构成成分"婆""妈""星""点"却是名词性的。

需要着重指出的是，现在人们一般认为，与其他语言相比，汉语最显著的特点是词汇与语法结构形式基本一致。这种特点直接表现在汉语中"词根+词根"复合词与短语的结构形式是基本一致的。比如，下面五组复合词与短语的结构形式完全相同（左侧为短语，右侧为词汇）。

主谓式：头很疼 VS 口红

补充式：变美 VS 提高

偏正式（名词性）：新买的书 VS 黑板

偏正式（动词性）：认真地看 VS 直视

动宾式：买书 VS 担心

联合式：苹果和香蕉 VS 开关

同时，随着社会的不断发展，各种新事物、新现象不断涌现。与语音和语法系统相比，语言的词汇系统是最敏感的，社会发展产生新的交际需求，大量新词语随之出现。不过，这些新词语的"新"只在于其指称对象是新的，其结构方式的类型却是"旧"的，是汉语中原有的，汉语词汇的主要结构方式一直保持着相对稳定。这种词汇结构方式上的稳定性从一定程度上减轻了人们对于新词语的理解难度。对于汉语使用者而言，从结构方式入手来理解新词语的意义和用法，并没有什么太大障碍。比如："大款"指特别有钱的人，是偏正式构词；"绿客"指热爱生活，喜欢户外运动，爱护环境，坚持健康生活方式的人，是偏正式构词；"给力"指给予力量，给予支持，是动宾式构词；"雷人"指很吓人，是动宾式构词；"白富美"指皮肤白、有钱，同时长得漂亮的年轻女性，是联合式构词；"白骨精"指同时具有白领、骨干、精英特征的能力很强的职场女性，是联合式构词。

小 结

现代汉语词汇数量众多，且新词语不断出现，但汉语词汇的主要结构方式一直相对固定。了解汉语词汇的主要结构方式，可以帮助学习者根据结构方式的不同，确定所学词语之间的内在关联，并在此基础上归并词语类聚，对所学词汇进行系统梳理。本讲从四个角度对现代汉语词汇的结构方式进行观察：一是语音角度；二是构成成分的数量；三是构成成分的性质；四是构成成分的组合方式。

从语音角度来看，汉语词汇的音节数量不同，有单音节词，也有双音节、三音节及以上的词。从音节结构关系看，又有重叠与非重叠之分。

从构词成分的数量来看，汉语词汇可分为单纯词和合成词。单纯词只有一个构词成分，合成词则有两个或两个以上构词成分。从构词成分的性质来看，合成词可分为派生词和复合词。派生词的构词形式为"词根+词缀"，复合词的构词形式为"词根+词根"。汉语词汇的主体是复合词，派生词所占比例很小。

按照构词成分的组合方式，汉语复合词的结构方式可以分为六种：联合式、偏正式、补充式、动宾式、主谓式、重叠式。其中，偏正式复合词的数量最多，所占比例最高，其次是联合式。正因如此，有实验表明，汉语母语者在遇到新词时往往倾向于将其看作偏正式复合词来理解，比如"船鞋""蜗居""网购""房贷"等。

补充资料　汉语中重叠形式的功能与作用

汉语中，重叠形式的功能主要有两个：一是构词功能，即通过重叠构成新词；二是语法功能，即通过重叠产生一定的语法意义。

一、重叠的构词功能

重叠的构词功能主要有三类：

第一类，原来是单音词，通过重叠形式产生双音词，新词与原词意义完全一样或基本相同，比如妈妈、爸爸、姑姑、叔叔、星星、渐渐、恰恰、常常、刚刚。

第二类，原来是单音词，通过重叠产生双音词，新词与原词的意义基本不同，比如爷爷、奶奶、宝宝、往往、区区、历历、堂堂、津津、斤斤、熊熊、草草、一一、万万。

第三类，非重叠形式不是词，重叠形式是词，比如星点/星星点点、花绿/花花绿绿。

二、重叠的语法功能

汉语里，大多数量词、动词、叹词，一部分形容词，少数名词、方位词、数词、代词都可以组成重叠结构，不少短语也可以组成重叠结构。对于词性不同的词，其重叠形式的语法意义和语法功能也不相同。

1. 动词重叠与"动作的量"有关，即表示时间短或动作重复次数少。形式上，单音动词直接重叠，如看看、听听、想想；一般双音动词重叠为 ABAB 式，如休息休息、考虑考虑；离合动词为 AAB 式，如散散步、跳跳舞。

动词重叠表示短时少量，因此用在句中时，可以使语气显得和缓、委婉、轻松。正因如此，跟老板请假时，说"我想休息休息"比"我想休息"显得语气更和缓、更客气。而对别人说"这本书，我看看就还你"，表示看的时间不会太长，借书的人应该更容易接受。

2. 量词重叠表示"每一"的意思，比如件件、个个、张张、条条、顿顿、次次、回回、趟趟。

他的衣服，件件都很漂亮。（即每一件都很漂亮）

3. 形容词重叠带有强调或生动的意味，比如高高（的）、大大（的）、长长（的）、轻轻（的）、红红（的）、漂漂亮亮、安安静静、热热闹闹。

（1）他长得很帅，个子高高的，眼睛大大的。

（2）我和朋友们一起，热热闹闹地过了一个周末。

4. 名词或方位词重叠表示"每一"的意思。方位词重叠一般限于四个音节，表示"到处"的意思。比如：人人、家家、年年、上上下下、里里外外、前前后后。

（1）春节前，家家都忙着买东西，到扫房间。（即每个家庭都很忙）

（2）春节前，我们把家里里外外都打扫了一遍。（即到处都打扫）

5. 数量短语重叠有三种形式，表达的语法意义各不相同。

有时表示"每一"的意思，强调整体，比如一个个、一本本、一棵棵。

我们班同学，一个个都很努力。（即每一个都努力）

有时表示"逐一"的意思，比如一个一个、一棵一棵、一本一本。

我把买来的书<u>一本一本</u>放在书架上。(即逐一放,放完一本再放一本)

有时表示某一动作有节奏的连续或反复,比如一闪一闪、一抖一抖、一颤一颤。

他的眼睛很漂亮,看人的时候总是<u>一闪一闪</u>的。(即不停地闪)

6. 象声词重叠是形容词性或动词性语法单位,表示动作或状态的持续或反复,比如噼噼啪啪、滴滴答答、扑通扑通。

第一次跟他这样的大人物见面,我的心一直<u>扑通扑通</u>地跳。

7. 其他短语重叠形式表达的语法意义也各不相同。

第一类:"动词+着"重叠,预示正在进行的动作将产生某种结果,常常是做一件事时,某种情况不知不觉就出现了,比如说着说着、想着想着、看着看着。

昨天睡觉前,他听音乐,<u>听着听着</u>就睡着了。

第二类:疑问代词重叠,表示虚指,即表示不知道的或不用说明的人或事物数量多,比如谁谁、哪儿哪儿、多少多少。

每次一见面,他就跟人说,自己都去<u>哪儿哪儿</u>旅行了,又跟谁谁见面了,又交了多少多少新朋友。

第三类:有强调或加强语气的作用,比如来来、喂喂、喝喝。

昨天我们一起喝酒,他一直说"<u>来来</u>,<u>喝喝</u>",没多久就醉了。

第二编
汉语词汇的文化特质

第五讲　现代汉语中的多义词
第六讲　现代汉语词义中的文化信息
第七讲　现代汉语中的词汇场
第八讲　现代汉语名词的比喻造词

第五讲　现代汉语中的多义词[①]

现代汉语中的词语，有些只表示一个词汇意义，称为单义词；有些表示不只一个词汇意义，称为多义词。

一个词刚产生的时候都是单义的，后来在语言发展过程中，有些词在单义词的基础上产生了新的意义，成为多义词。这样看来，历史越长的词，发展成多义词的可能性就越大。

一般来说，表示科学术语的词，绝大多数是单义词；事物的名称和刚产生的新词也往往是单义的，比如手机、互联网、计算机、微信、网购、网恋等。汉语中的多义词有多少呢？苏新春（2001）统计显示，《现代汉语词典》56 147个词语中两个以上义项的词语占词语总数的17.8%。王惠（2004）统计显示，《现代汉语语法信息词典详解》3537个名词中，具有两个或两个以上名词义项的多义词共有671个，占名词总数的19%。同时发现，随着音节的增加，多义词的比例呈明显下降趋势。198个单音名词中，多义词占47.5%；3 106个双音名词中，多义词占17.2%；229个三音名词中，多义词占6.2%；4个四音名词中，没有一个多义词。

语言中的单义词和多义词不是绝对的。在语言发展过程中，有些单义词产生新义项，发展为多义词；有些多义词也可能因为某些义项消失变成单义词。从产生时间上看，现代汉语中的多义词，有些是很早形成的，有些则是最近几十年才形成的。

[①] 本讲主要参考文献为：葛本仪. 现代汉语词汇学 [M]. 修订本. 济南：山东人民出版社，2011.

第一节 多义词产生的原因

人类创造词汇是为了满足交际和表达的需要。人类语言中的词汇都是声音和意义的结合体，都有自己的指称对象，有的用来指称事物，有的用来指称动作行为，有的用来指称性质情态。一般来说，如果一个词语只有一个意义，只对应一个指称对象，则每个词语都表意清晰明确；如果一个词语有多个意义，对应不止一个指称对象，则可能存在表意不清的问题。那为什么不同语言中都会存在大量多义词呢？其中的原因主要有两个：

一是多义词的产生有利于凸显人类对不同事物之间各种联系的认知，达到通过旧事物认知新事物的目的。世界上的事物并非彼此独立，而是相互之间具有一定关联。人们遇到新事物时，往往会在新事物和已知的旧事物之间发现某些相关或相似的特征，并借助已知旧事物的信息和相关经验来认识新事物。一词多义，就是人们通过使用同一词汇形式，将新旧事物之间的相关或相似信息固定下来，作为人们认识新事物时的一种信息提示。因此，通过一词多义的方式来完成对新事物的指称与命名，就成为一种认知上的需要。

二是多义词的产生有利于控制词汇总量，降低使用者词汇学习和记忆的负担。如果为每个指称对象都创制新词，语言中的词汇数量就会不计其数，词汇识别和记忆的负担就会随之加重。

总体而言，多义词的产生是人们认识和思维能力发展的结果。人们在生活中发现不同事物之间的某些相关或相似的方面，才有可能利用指称甲事物的词去指称乙事物，从而通过为原有词语增加义项，将人们对于自然、对于自身、对于世界的认识存储在词义中。可以说，人们认识与思维能力的发展，特别是联想能力的发展，使一个词语形式承载多项词义成为可能。比如，多义词"飞"在下面各句中呈现不同词义。

1. 鸟在天上飞。
2. 这架飞机飞上海。
3. 外面飞雪花了。
4. 这个地区风大，一到冬天经常飞沙走石。

5. 他在路上飞奔。

6. 最近物价飞涨。

7. 盖上盖子吧，免得香味飞了。

8. 这场交通事故，对她来说就是飞来横祸。

多义词"飞"在上面各例中的意义，可以通过联想建立起联系。"飞"的基本义是"鸟、虫鼓动翅膀在空中活动"。例1至例4中，由鸟飞，到飞机飞，再到雪花飞、沙子飞，不同事物之间的动作情态是相似的。而例7、例8"香味飞""飞来横祸"中，"香味""横祸"虽为抽象事物，但人们感知到的动态特征与前面几例中具体事物之间的情态是相似的。另外，飞行速度一般很快，所以"飞"产生新义项"快"，如例5、例6。"飞"新义项的增加反映出人们对世界的认识是在不断发展的。

再如，下面几个多义词"翻身""落马""轮""猴"，其意义之间都可借助联想建立联系。

【翻身】

①躺着转动身体：他睡不着，一直在床上翻身。

②比喻改变落后面貌或不利处境：这个厂连年亏损，只有改革才能翻身。

由改变身体的姿势和方向联想到改变原有的处境，是因为二者在性质上具有相似之处。"翻身"新义项的增加反映的是人们认识的发展。

【落马】

①骑马时，从马上掉下来：他在战斗中，不小心中弹落马了。

②比喻官员的业绩败露而遭到惩处（多指被免职）：这位政府官员是因受贿数额巨大而落马的。

由从马上掉下来联想到（官员）被免职，是因为二者在性质上具有相似之处。"落马"新义项的增加反映的是人们认识的发展。

【轮】

①轮子：车轮。

②形状像轮子的东西：日轮｜月轮｜年轮｜耳轮。

③依照次序一个接替一个（做事）：打扫房间，一人轮一天，今天轮到你了。

④量词，多用于红日、明月：一轮明月。

75

由车轮的样子联想到其他像轮子的东西，由车轮不停转动的动态联想到人们一个接替一个做事，都是因为二者在形状、动态上具有相似之处。"轮"新义项的增加反映的是人们认识的发展。

【猴】
① 哺乳动物，通称猴子。
②［方］乖巧；机灵（多指孩子）：这孩子多猴啊！
③［方］像猴子似的蹲着：他猴在门口吃桃子呢！

由猴子的机灵联想到孩子的机灵，由猴子蹲着的样子联想到人蹲着的样子，是因为二者在性质和动态上具有相似之处。"猴"新义项的增加反映的是人们认识的发展。

第二节　多义词产生的方式

一词多义是人们在不断认识和理解新事物的过程中产生的，是人们基于联想思维，在新旧事物之间确认某种联系，形成认知经验的成果。由于人们对新旧事物之间的联系认识不同，多义词新义项产生的方式也不同。常见的方式主要有四种：一是通过引申方式产生新义；二是通过比喻方式产生新义；三是通过借代方式产生新义；四是通过特指方式产生新义。总而言之，多义词的出现是词义发展的结果。

一、通过引申方式产生新义

引申就是一个词的词义向与之相关的方向发展，从而产生新义。词义引申的前提是新旧事物之间存在某种联系。需要说明的是，人们是否会注意到事物之间的联系、注意到哪方面的联系，与人们的认识和思维方式直接相关，有时是由客观条件决定的，更多时候则与人们的主观认识有关，具有一定的主观性。因此，不同语言中，词语的引申方向和路径往往存在差异。汉语中，通过引申方式产生新义的常用词多是形容词，比如"老""深""暗"。

【老】
①年岁大：老人。

②对某些方面富有经验：他开车很多年了，很老练。

③很久以前就存在的；时间久的：老朋友。

④陈旧：老房子。

⑤原来的：我在老地方等你。

⑥（蔬菜）长得过了适口的时期：这油菜太老了，我不买了。

⑦（事物）烹调时间过长；火候过了：这个青菜炒老了。

⑧排行在末了的：他是父母的老儿子，家里人都宠着他。

从上面的词典释义，我们可以大体推断出"老"的引申路径。"老"最初指年龄大，年龄大的人往往在生活方面更有经验，因此引申出"经验丰富"义；年龄大的人生存时间久，因此引申出"时间久"义。东西存在时间久就会陈旧，因此引申出"陈旧"义。存在时间久的东西，一般保持原来的样子没有变化，因此引申出"原来的"义。同样，蔬菜长的时间太久，就过了适口期，也是"老"了；食物烹调的时间太久，火候就过了，也是"老"了。而在一个家庭中，最小的孩子与最大的孩子往往差很多岁，间隔时间最长，因此引申出"排行在末了"的意思。

【深】

①从上到下或从外到里的距离大：水很深｜院子很深。

②深奥：这本书内容很深，初学的人不容易看懂。

③深刻：这件事对他影响很深。

④（感情、关系）深厚；密切：我们两个人关系很深｜他一脸深情地望着她。

⑤（颜色）浓：深红｜深绿。

⑥距离开始的时间很久：深秋｜夜深了。

⑦很：深知｜深信｜听了这个故事，我深受感动。

从上面的词典释义，我们可以大体推断出"深"的引申路径。"深"的基本义指水面从上到下或从外到里的距离大，后来引申出具体事物"从上到下或从外到里的距离大"义，因此可以说"院子深""洞很深""树林深处"。对于抽象事物来说，"从外到里的距离大"，就是从表层到里层的距离大，因此引申出"内容深奥""影响深刻""感情深厚"的义项。从表层到里层的距离大，引申出色彩浓度高的义项，即"颜色深"。从表层到里层的距离大，其

77

中包含程度义，因此引申出表明程度高的义项，如"深知""深信"。而空间上"从外到里的距离大"，引申到时间方面，就是"距离开始的时间很久"，因此可以说"深夜""深秋"。

【暗】
①光线不足；黑暗：太阳落山了，天色渐渐暗下来。
②隐藏不露的；秘密的：暗杀｜他暗下决心，一定要学好汉语。
③（颜色）浓重：暗绿｜这件衣服颜色太暗了，你穿显老。

从上面的词典释义，我们可以大体推断出"暗"的引申路径。"暗"的基本义为光线不足。光线不足时，往往看不到或看不清事物，因此引申出"秘密的、隐藏的"义项。同时，光线不足时，颜色看起来会加重，因此引申出"颜色浓重"的义项。

此外，汉语中很多方位名词也是通过引申的方式发展成多义词的，比如"上""下""前""后"。

【上】
①方位词。位置在高处的；次序或时间在前的：往上看｜上次｜上半年。
②等级或品质高的：上等｜上级。
③由低处到高处：上山｜上楼｜上车。
④向上面：他是一个很上进的学生｜经济上行压力很大。
⑤向上级递呈：上书｜上交｜上缴。
⑥（演出或比赛）出场：这场戏，我上｜这场球，我们几个先上，你后上。
⑦到规定时间开始日常工作或学习：上班｜上课。

从上面的词典释义，我们可以大体推断出"上"的引申路径。"上"的基本义为"位置在高处的"。由空间义"在高处的"引申出时间义"次序或时间在前的"，如"上星期"。由"位置在高处的"，引申出抽象义"等级或品质高的"，如"上等""上级"。由"位置在高处的"，还引申出具体动作义"由低处到高处"，如"上山"。由"等级或品质高的"引申出抽象动作义"向上面（发展）"和"向上级递呈"，如"上进""上交"。表演时的舞台往往位置在高处，因此引申出"（演出或比赛）出场"义项，如"上场"。而在演出或比赛中出场，对演员或运动员来说是开始工作，因此又引申出"到规定时间开始工作或学习"义项，如"上课""上班"。

【下】

①方位词。位置在低处的；次序或时间在后的：往下看｜下次｜下半年。

②等次或品级低的：下等｜下级。

③由高处到低处：下山｜下楼｜下车。

④向下面：经济下行压力很大｜这次，他的成绩下滑了。

⑤向下级发布：下命令｜下通知。

⑥（演出或比赛）退场：这场球，一号下，五号上。

⑦到规定时间结束日常工作或学习：下班｜下课。

从上面的词典释义，我们可以大体推断出"下"的引申路径。"下"的基本义为"位置在低处的"。由空间义"在低处的"引申出时间义"次序或时间在后的"，如"下星期"。由"位置在低处的"，引申出抽象义"等次或品级低的"，如"下等""下级"。由"位置在低处的"，还引申出具体动作义"由高处到低处"，如"下山"。由"等次或品级低的"引申出抽象动作义"向下面"和"向下级发布"，如"下滑""下命令"。表演时的舞台往往位置在高处，因此引申出"（演出或比赛）退场"义项，如"下场"。而在演出或比赛中退场，对演员或运动员来说是结束工作，因此又引申出"到规定时间结束日常工作或学习"义项，如"下课""下班"。

可以看出，上文呈现的义项举例中，"上""下"这对反义词的引申路径是相似的，各个义项之间是一一对应的。汉语多义词词义引申的一个特点就是词义相近或相反的词语往往会有相似的引申路径和发展方向。当然，《现汉汉语词典》中"上""下"两个词的义项并不只有上文呈现的这些，两个词也并非在所有引申方向或义项上都一一对应。比如，"下"用于动作的次数（如"敲一下钟"）、指称"（动物）生产"这类义项，是"上"所没有的。

【前】

①正面的部分；人或物正面所朝的方向：前门｜向前看。

②往前走：勇往直前｜畏缩不前。

③次序靠头里的位置：坐在前排｜他的成绩在班里是前三名。

④过去的时候；较早的时候：前天｜几年前。

⑤从前的：前男友｜前校长。

⑥指某事物产生之前：前科学。

⑦未来：前景｜前途。

从上面的词典释义，我们可以大体推断出"前"的引申路径。"前"的基本义为义项①即"人或物正面所朝的方向"。这一基本义有三个引申方向：一是由义项①的空间方向义，引申出义项②的动作义"往前走"。二是由义项①的空间方向义引申出义项③的空间位置义，即"次序靠近头里的位置"。再由义项③空间位置义引申出义项④，即时间位置义"过去的时候、较早的时候"。之后，由义项④引申出义项⑤和义项⑥。三是由义项①的空间方向义引申出义项⑦时间方向义，即"未来"。

【后】

①背面的部分；人或物背面所朝的方向：后门｜向后看。

②次序靠近末尾的位置：坐在后排｜他的成绩在班里是后三名。

③以后的时间；较晚的时间：后天｜几年后｜日后。

④后继的（亲属关系）：后妈｜后爹。

⑤后代的人，指子孙等：他觉得自己不能无后，因此坚持想要个孩子。

⑥指某事物产生之后：后工业化时代。

从上面的词典释义，我们可以大体推断出"后"的引申路径。"后"的基本义为义项①，即"人或物背面所朝的方向"。首先，由义项①的空间方向义引申出义项②的空间位置义，即"次序靠近末尾的位置"。其次，由义项②空间位置义引申出义项③，即时间位置义"以后的时间、较晚的时间"。最后，由义项③时间位置义引申出义项④⑤⑥。

可以看出，上文呈现的义项举例中，"前""后"这对反义词的引申路径总体上是相似的，多数义项之间存在对应关系。当然，不同之处也存在，比如"后"指称后代的人；"前"既可指称以前的时间，也可指未来。

总而言之，从上面列举的形容词与方位名词的引申路径分析中，我们可以发现其中一些规律：一是发展为多义词的词语往往是语言中的基本词汇，其原义往往较为具体，且与人们的生活密切相关。二是与原义相比，通过引申方式产生的新义往往较为抽象，词义由具体向抽象的发展，反映的是人们对世界认知和思维能力的拓展和深入。学习者如果能了解汉语词义的引申规律，了解词语在引申方向与引申路径选择上的倾向性，将有助于词汇学习效率的提高。

思考：

1. 上面列举的这些词语，在你的母语中也是多义词吗？其多义义项，哪些在你的母语中存在，哪些不存在？

2. 上面列举的形容词多义词（老、深、暗）的反义词是哪些词？它们在各个义项上表达相反的意思时，应该怎么表达？

二、通过比喻方式产生新义

通过比喻方式产生新义，就是人们在新事物与原有事物之间发现相似之处，然后在原义的基础上赋予词语新义。通过这种方式产生新义的词语主要是名词和动词，比如"酝酿""锻炼""出炉""搭桥""暗礁""暗箭""顶峰""悲剧""上坡路"。这些词语一般都指称具体的事物或动作行为，其原义都是字面义，通过比喻方式产生的新义往往都较为抽象。由容易感知的具体事物联想到较难感知的抽象事物，借助具体表达抽象，词义由具体义发展出抽象义，这是人类思维发展的一般规律，也是汉语词义发展的常规路径。

【酝酿】

①造酒的发酵过程。

②比喻做准备工作。

酒酿造出来之前要有一段发酵的过程，很多事情做成之前也要有一段时间准备和考虑，两者之间有相似之处，"酝酿"的义项②就是在这种相似的基础上通过比喻形成的：大家先酝酿一下候选人名选，三天后每个人都要发表意见。

【锻炼】

①指锻造或冶炼。

②通过体育运动使身体强壮。

③通过生产劳动、社会活动或工作实践，使觉悟、工作能力等提高：他在外地锻炼了两年，工作能力有了明显提高。

锻造或冶炼是通过高温和击打来完成对金属的重塑；体育锻炼是通过运动完成对身体的重塑，使身体更强壮；通过某种劳动或工作完成对人素质的重塑，使人觉悟更高或能力更强。三者之间有相似之处，"锻炼"的义项②、义项③就是在这种相似的基础上通过比喻形成的。

【出炉】

①取出炉内烘烤、冶炼的东西：刚出炉的烧饼。

②比喻新产生出来：年度最佳球员昨日出炉。

从炉内取出刚烘烤好的食物或冶炼好的金属与新事物产生之间有相似之处，"出炉"的义项②就是在这种相似的基础上通过比喻形成的。

【搭桥】

①架设桥梁。

②比喻撮合介绍。

通过架设桥梁把两岸连接起来与撮合介绍，使不认识的人产生联系二者之间有相似之处，"搭桥"的义项②就是在这种相似的基础上通过比喻形成的。例如：这两家公司的合作是我从中牵线搭桥的。

【暗礁】

①海洋、江河中不露出水面的礁石，是航行的障碍。

②比喻事情在进行中遇到的潜伏的障碍或危险。

水中的暗礁有两个特点：一是不露出水面；二是会成为航行的障碍。这与人们在做事时遇到的"潜伏的障碍或危险"性质是相似的，"暗礁"的义项②在这种相似基础上通过比喻形成的。例如：在完成这项工作的过程中，他遇到了不少暗礁。

【暗箭】

①暗中射出的箭。

②比喻暗中伤人的行为或诡计。

暗中射出的箭可以伤人，暗中进行的行为或诡计也可以伤人，二者性质相似。因此"暗箭"义项②就是在这种相似基础上通过比喻形成的。例如：你对他有意见就明说，不能暗箭伤人。

【顶峰】

①山的最高处：登上泰山顶峰。

②比喻事物发展过程中的最高点。

山的最高处，与事物发展过程中的最高点性质相似。"顶峰"义项②就是在这种相似基础上通过比喻形成的。例如：40~50岁时，他的文学创作达到顶峰。

【悲剧】
①戏剧的主要类别之一，与喜剧相对：《罗密欧与朱丽叶》是世界著名的悲剧作品。
②比喻不幸的遭遇：他因酒后驾车，造成车毁人亡的悲剧。

作为戏剧类别，悲剧的特点是主人公会遭遇不幸，这与生活中人们遭遇不幸性质相似。"悲剧"义项②就是在这种相似基础上通过比喻形成的。

【上坡路】
①由低处通向高处的道路。
②比喻向好的或繁荣的方向发展的道路。

由低处通向高处的道路，比如上山的路，常常会带给人们希望和憧憬，这与生活中情况向好的方向发展的过程，带给人们的感觉是一样的。"上坡路"义项②就是在这种相似基础上通过比喻形成的。例如：最近孩子的学习开始走上坡路。

从上面这些多义词的词义发展可以看出，通过比喻方式产生新义，依据的是事物之间的相似关系。而这种相似关系既可能是客观的，即事物的外形或功能上的相似；也可能是主观的，即是人们心理感受上的相似，与特定社会文化、历史传统等因素直接相关。因此，多义词的一词多义会在不同语言之间存在一定的共性，也会由于文化心理的不同而具有特异性。因此，了解词语不同义项之间的联系，从一定程度上看，也是对词语所对应的特定历史文化的探知。

思考：
上面这些多义词的比喻义，在你的母语中是怎样表达的？有没有类似的比喻义？

三、通过借代方式产生新义

借代方式，有时是用指称事物部分的词来指称事物整体，有时是用指称甲事物的词来指称与甲事物相关的乙事物，从而使原词产生新义。

（一）用指称部分的词来指称整体

用指称事物部分的词来指称整体，通过这种借代方式产生新义的词很多与植物名词有关，比如那些指称花儿、水果、蔬菜的词。这些词一般有两个义项，一个指称植物的某个部分，一个指称植物整体。比如：

【花】①种子植物的有性繁殖器官：这朵花很好看。②观赏植物：我种了一盆花。

【月季】①植物名。②这种植物的花。

【洋葱】①植物名。②这种植物的鳞茎。

【荔枝】②植物名。②这种植物的果实。

对于选择植物的哪个部分指称整体，通过借代方式产生新义，人们对不同植物的选择不同，有的选择花，有的选择根茎，有的选择果实。有研究发现，其中起决定作用的主要因素是人们对植物哪个部分更关注，或者说植物的哪个部分对人更有价值或用处。比如：荔枝、西瓜、苹果、梨、桃、香蕉的果实对人来说最具实用价值，因此这些词语既指称植物整体，也指称其果实。萝卜、红薯、土豆的根部对人来说最具实用价值，因此这些词语既指称植物整体，也指称其根部。还有一些常见植物，比如月季、牡丹、玫瑰、百合、丁香等，人们最关注的是它们的花，因此指称植物的词语既指称植物整体，也指称其花。

思考：

1. 你还知道哪些汉语植物名词，这些植物名词都是多义词吗？

2. 为什么有些植物名词是多义词，有些不是多义词？

3. 不同语言中植物名词产生新义的方式相同吗？你的母语与汉语的情况相同吗？

（二）用指称甲事物的词来指称与甲事物相关的乙事物

用指称甲事物的词来指称与甲事物相关的乙事物，通过这种借代方式产生新义的词很多与职业有关。这类词一般有两个义项：一个为动词，指人们从事的某项工作；另一个为名词，指称从事这种工作或活动的人。

【翻译】

①动 一种语言文字的意义用另一种语言文字来表达：翻译一本小说。

②名 做翻译工作的人：他想当翻译。

翻译工作与从事翻译工作的人之间，词义密切相关，因此通过借代的方式，动词"翻译"产生了新义。

【管事】

①动 负责管理事务。

②名 旧时称在企业单位或有钱人家里管总务的人。

管理事务与管总务的人之间，词义密切相关，因此通过借代的方式，动词"管理"产生了新义。

【导演】

①动 排演戏剧或拍摄影视片的时候，组织和指导演出工作：他导演过五部电影。

②名 担任导演工作的人。

导演工作与从事导演工作的人之间，词义密切相关的，因此通过借代的方式，动词"导演"产生了新义。

【导游】

①动 带领游览、指导游览：请当地人为我们导游。

②名 担任导游工作的人。

导游工作与从事导游工作的人之间，词义密切相关，因此通过借代的方式，动词"导游"产生了新义。

与之类似的词语还有导播、导购、导医、编剧、编审、编舞、编译等。

【导播】

①动 组织或指导广播或电视节目的播出工作：导播节目。

②名 担任导播工作的人。

【导购】

①动 介绍商品，引导顾客购物。

②名 担任导购工作的人。

【导医】
①动引导或指导患者合理就医：很多医院设有导医台，为患者导医。
②名担任导医工作的人。

【编剧】
①动编写剧本。
②名编写剧本的人。

【编审】
①动编辑并审定。
②名做编审工作的人。

【编舞】
①动编创舞蹈。
②名做编舞工作的人。

【编译】
①动编辑并翻译。
②名做编译工作的人。

此外，还有一些词也是通过借代方式产生新义的，不过会通过声调变化来区分不同词义。因为声调不同，词典中一般会把它们处理为两个词，而不是多义词的两个义项，比如"裁缝"。

【裁缝】cáiféng 动词。裁剪缝制（衣服）：这虽是布衫，但裁缝得体。

【裁缝】cái·feng 名词。以做衣服为职业的人：这件衣服是找裁缝做的，不是妈妈做的。

裁剪缝制与以做衣服为职业的人之间，意义密切相关，动词"裁缝"通过这种借代方式发展出新词新义。虽然因语音形式不同被视为两个词而不是多义词，但从性质上看，"裁缝"的词义发展与"翻译""导演"等词是一样的。

四、通过特指方式产生新义

特指方式，是指原来指称范围比较大的词被用来指称其原来范围内的某一特定事物，从而产生新义，比如：

"喜事"原来指称"值得祝贺的使人高兴的事"，后来特指"结婚的事"。

"河"原来指称"天然或人工的大水道",后来特指"黄河"。
"江"原来指称"大河",后来特指"长江"。
"严打"原来指称"严厉打击",后来特指"严厉打击刑事犯罪活动"。

在《现代汉语词典》中,"喜事""河""江""严打"四个词语的原义和特指义分列两个义项。汉语中还有一些通过特指方式产生新义的词语,《现汉汉语词典》中没有把原义和特指义分列两个义项,而是归并为一个义项。不过,不管是分列还是合并义项,二者都是通过特指方式产生新义的,性质是相同的。比如:

【卧具】睡觉时用的东西,特指火车、轮船上或旅馆中供顾客用的被子、毯子、枕头等。

【病床】病人的床铺,特指医院或疗养院里供住院病人用的床。

【出席】参加会议或典礼等活动,特指有发言权和表决权的成员参加会议。

【无语】无话可说,特指因无奈等而不想说话。

【吞声】不敢出声,特指哭泣不敢出声。

【做证】做证明,法律上特指证人向司法机关提供证据、证言等。

第三节　多义词义项之间的关系类型

多义词有两个以上义项时,其基本义和其他义项之间的关系主要有三种类型。

第一种是连锁型。就是在第一义项的基础上产生第二义项,在第二义项基础上产生第三义项,以此类推,比如:

【上】

①方位词。位置在高处的;次序或时间在前的:往上看|上次|上半年。

②等级或品质高的:上等|上级。

③向上级递呈:上书|上交|上缴。

第二种是辐射型。就是其他义项都是在第一义项基础上产生的,只和第一义项直接相关,相互之间没有直接联系,比如:

87

【灰】

①物质经过燃烧后剩下的粉末状的东西：炉灰｜烟灰。

②尘土；某些粉末状的东西。

③像草木灰的颜色，介于黑色和白色之间。

第三种是混合型（包含前面两种）。义项较多的词语中这种类型最常见，比如：

【顶】

①人体或物体上最高的部分：头顶｜屋顶。

②用头支撑：顶碗表演。

③从下面拱起：小草把土顶起来了。

④用头或角撞击：顶球｜他的牛顶人了。

⑤支撑；抵住：用桌子顶住门。

⑥面对面；迎着：他顶着风骑车骑了两个小时，累坏了。

⑦顶撞：他听了妈妈的话很生气，就顶了她两句。

⑧担当；支持：工作太多，两个人顶不下来。

⑨相当；抵：他一个人干活，可以顶两个人。

⑩〈方〉到（某个时间）：他顶到两点才吃饭。

⑪表示程度高：他顶好｜顶喜欢唱歌。

从"顶"的上述义项释义可以看出，义项①为其基本义。从总体框架上看，"顶"的义项发展是辐射型，由基本义向两个大方向辐射：一是由基本义分别向义项②③④发展，由名词义发展出动词义，这是由基本义中"人体的最高部分（即头部）"引申而来的；二是由基本义向义项⑪发展，由名词义发展出副词义，这是由基本义中"最高的部分"引申而来的。而从义项②到义项⑩之间的词义关系，则是几条连锁型词义发展的组合。第一条：义项①—义项②—义项⑤—义项⑧—义项⑨—义项⑩；第二条：义项①—义项②；第三条：义项①—义项④—义项⑦—义项⑥。

第四节　一词多义和一词多类

多义词是指一个词具有几个互有联系的不同的意义。多义词的几个义项，有时属于同一个词类，比如都是名词，或者都是动词、形容词等；有时则分属不同的词类。比如①：

【落】①动遗漏。②动把东西放在一个地方，忘记拿走。③动因为跟不上而被丢在后面。

下面三个句子中"落"的义项不同，但都是动词。

1. 这句话落了两个字。

2. 他把书落在家里了。

3. 他走得太慢，被别人落下很远。

【酸】①形像醋的气味或味道。②形悲痛、伤心。③形疲劳或疾病引起的微痛而无力的感觉。

下面三个句子中"酸"的义项不同，但都是形容词。

1. 这个菜很酸。

2. 心里一酸，眼泪就流了出来。

3. 站了三个小时，我的腿站酸了。

多义词的几个义项，有时则可能属于不同的词类。比如：

【辣】①形像葱、姜、辣椒等有刺激性的味道。②动辣味刺激（口、鼻或眼）。③形狠毒。

下面三个句子中"辣"的义项不同，词性也不同。

1. 这个菜很辣。（形容词）

2. 切洋葱容易辣眼睛。（动词）

3. 他做事的手段真辣。（形容词）

【短】①形两端之间的距离小。②动缺少、欠。③名缺点。

因此，下面三个句子中"短"的义项不同，词性也不同。

1. 这件衣服太短。（形容词）

2. 我短他三十块钱。（动词）

3. 你们两个人在一起工作，可以取长补短。（名词）

【顶】①名人体或物体最高的部分。②动面对着；迎着。③动顶撞。④副表示程度最高。

---

① 这里主要采用的是《现代汉语词典》（第7版）的义项释义，个别义项释义有删减。不过，考虑到常用性及因素，义项数目和编号则与该词典不同。

因此，下面四个句子中"顶"的义项不同，词性也不同。

1. 这座房子，屋顶很高。（名词）
2. 他顶着风骑了两个小时，累死了。（动词）
3. 他听了妈妈的话很生气，就顶了她两句。（动词）
4. 顶好/顶喜欢唱歌。（副词）

【锁】①图安在门窗、器物等的开合处或连接处，使人不能随便打开的金属器具。②动用锁把门窗、器物等的开合处关住或拴住。③图形状像锁的东西。

因此，"他用一把大锁把门锁上了"这个句子中，两个"锁"分属两个义项，且词性不同，第一个为名词，第二个为动词。

总而言之，一词多义和一词多类都是对词义的说明，一词多义从词汇意义的角度来说明词义内容，一词多类从语法意义的角度来说明词义内容。

小 结

现代汉语中的词语有单音词，也有多义词。单义词只表示一个词汇意义，多义词则表示两个或两个以上词汇意义。

多义词承载的两种或多个词汇意义之间往往具有某种相关性。将不同的意义赋予同一个词语形式，是人们基于联想思维，在不同事物之间发现某种联系，并形成认知经验的成果。人们对新旧事物之间的联系认识不同，多义词新义项产生的方式也不同。本讲介绍了汉语多义词产生的四种常见方式：一是通过引申方式产生新义；二是通过比喻方式产生新义；三是通过借代方式产生新义；四是通过特指方式产生新义。

通过引申方式产生新义的以形容词为主。形容词表示某种性质，当人们借助联想思维，在不同认知域的同类性质之间建立起某种关联时，形容词就会产生引申义，由原来的单义词变成多义词。比如，"长"由表示"空间上的距离长"引申到表示"时间长"。

通过联想方式产生新义的以名词和动词为主。当人们借助联想思维发现事物之间的相似性时，就会用原来指称某个事物的词来指称新事物，单义词就变成多义词。比如，名词"暗礁"原来指"海洋、江河中不露出水面的礁石，是航行的障碍"，后来发展出新义"事情在进行中遇到的潜伏的障碍或危险"，就是因为人们在二者之间发现了相似性。

通过借代方式产生新义的，主要有两类：一类是植物名词，由原来指称植物整体发展出新义，指称植物的某个部分（比如月季、西瓜、洋葱、萝卜）。另一类是指称某种职业或工作的动词，由原来指称某种职业或工作的动作行为发展出新义，指称从事这种职业或工作的人（比如翻译、导游、编辑）。由植物的整体联想到其某个部分，由某种职业或工作联想到从事这种职业或工作的人，借代方式就是这种借助事物之间的相关性产生新义的方式。

通过特指方式产生新义，是原来指称范围比较大的词被用来指称其原来范围内的某一特定事物，由单义词变成多义词。一般来说，特指义所指称的事物是原来指称范围内最具代表性的事物。比如，"喜事"原来指称的是"值得祝贺的使人高兴的事"，后来特指"结婚的事"，应该就是因为人们认为结婚是所有喜事中最令人高兴、最具代表性的吧。

补充资料　汉语多义词与同音词、同形词的区别

一、多义词与同音词

多义词是指一个词具有几个不同的意义。同音词是指语音完全相同的词。汉语中，词的语音形式必须完全相同，就是说声母、韵母、声调完全相同的词才叫同音词，比如汗（流汗）/旱（天旱）、数目/树木；米（米饭）/米（一米八）、杜鹃（鸟名）/杜鹃（花名）。

应该说，多义词、同音词之间的差别是很明显的。

首先，多义词的义项之间都是有联系的，这些意义都属于同一个词。而同音词是各自独立的不同的词，它们的词义之间没有任何联系。因此，同音词与多义词的性质也完全不同。

其次，同音词与多义词的形成方式也不同。同音词的出现，常常是因为人们在语言发展的不同阶段、不同地区、不同场合进行造词，两个词的语音

偶然相同，所以具有偶然性。多义词往往是词义发展的结果，不同意义之间的联系往往有理据可寻。当然，也有少数多义词，由于长时间的发展，人们已经感觉不到某些义项之间的联系了，这种情况下，这个义项可能被分化出来，和原来的词成为同音词，比如：刻（雕刻）—刻（八点一刻）。

现在人们一般认为，区分同音词和多义词主要有两方面的标准：一是历时词源，二是现实语感。历时词源是指从历史上看两个词义之间是否具有联系，现实语感是指现在人们能否从语感中感觉到两个词义之间的联系。只有同时满足这两个标准的词才能被视为多义词；而只满足一条标准的的词只能被视为同音词。比如上面所举的"刻"，从历时词源看，其雕刻义和时间长度义存在语义关联，但现在人们很难感觉到其词义之间的联系，因此词典将其处理为同音词，分列两个词条。

二、多义词与同形词

同形字（词）就是书写形式相同但语音形式和意义都不相同的字（词）。比如：

1. 同形字：行（自行车/银行）；长（长大/长短）；传（传统/传记）；好（好处/爱好）。

2. 同形词：还（还想/还书）；好（好人/好喝酒）；转（转一圈/往左转）。

如果只从书写形式看，同形字（词）很像同一个形式的词表示几个不同的意义，但是它们和多义词有着本质的区别。首先，同形字（词）的读音不同，可以证明是两个不同的词；其次，同形字（词）的意义各不相同，而且意义之间没有任何联系。也就是说，除了书写形式相同以外，两个同形字（词）之间没有任何联系，是各自独立的。

第六讲　现代汉语词义中的文化信息[①]

一般认为，除了概念义之外，一个词的词义还包括联想义。词的联想义主要包括这样一些内容：一是人们对词语所指称事物的情感态度，是消极还是积极的，是喜爱、讨厌还是害怕。二是人们会由某种事物联想到这种事物的某些属性特征，比如由"狐狸"联想到"狡猾"，由"老鼠"联想到"胆小"。不同语言中，人们对于相同事物的属性联想有时相同，有时不同。三是人们会为某些事物赋予一种特定的含义或象征义，比如中国人会由"乌鸦"联想到"倒霉"，由"喜鹊"联想到"好运气"，由"梅花"联想到"高洁的品性"，由"白色"联想到"纯洁"。四是由某种事物联想到与之相关的意义，比如由"棺材、骨灰盒"联想到"死"，由"柳树"联想到"告别"（中国古代有折柳枝送别的传统），由"鞭炮""饺子"联想到"春节的节日气氛"（中国人过春节的传统习俗是放鞭炮、吃饺子）。上面提到的都是直接联想义，此外还有一种间接联想义，即谐音联想。比如，汉语中"四"和"死"发音相近，中国人听到"四"会联想到"死"，因此觉得数字4不吉利；"八"和"发"发音相近，中国人听到"八"会联想到"发"（即发财），因此觉得数字8吉利。

词的概念义是客观的，不同语言中指称相同事物的词的概念义往往相同。但词的联想义往往与人们的文化背景、风俗习惯、民族心理等因素有关，不同文化背景的人对相同的事物往往会产生不同的联想。因此，指称相同事物的词在不同语言中的词义差异往往表现为联想义的不同。比如，颜色词"红"在汉语中有"喜庆""欢乐""顺利""革命"的联想义，而英语中red则有"战争""流血""恐怖"的联想义，二者存在明显差异。

[①] 本讲主要参考文献为：万艺玲．汉语词汇教程［M］．北京：北京语言大学出版社，2000.

在词典中，有些词语的联想义已单列义项，有些词语的联想义未单列义项。无论是否单列义项，联想义都反映着语言使用者对于词语及词语指称对象的态度、感情和价值判断。从这个角度看，从不同语言中表示相同事物的词的联想义出发，可以观察到语言背后的文化差异。语言中具有联想义的词语种类很多，传达出的文化信息也较为丰富，其中最有特色的是颜色词语和动物词语。此外，词义中的文化信息可以是单个词语的联想义蕴含的特定文化信息，也可以是一组相关词语在词义发展中体现出的更高层次的文化信息。

第一节 汉语颜色词语中的文化信息

语言中的颜色词常常含有丰富的联想义，不同语言中颜色词的联想义往往呈现不同的文化信息。

一、颜色词"红"构成的词语及其联想义

《现代汉语词典》中"红"的义项及释义如下：
①像鲜血的颜色。
②象征喜庆的红布。
③象征顺利、成功或受人重视、欢迎。
④象征革命或政治觉悟高。

其中，义项①为"红"的概念义，义项②~④为"红"的联想义，此外，"红"还有另一个联想义"禁止"。总体而言，在中国传统文化中，与红色有关的联想一般都是偏积极方面的，红色也是中国人比较喜欢的颜色，婚礼或节日庆祝时经常会用到红色。

请看下面六组词语：

1. 红薯、红糖、红烧、红眼病（单纯表示颜色）

2. 红白喜事、红榜、红包、红蛋、红盘（象征喜庆）

3. 红股、红货、红运、红利、红火（象征顺利、成功）

4. 红星、红人、红角（象征受欢迎、受重视）

5. 红军、红旗、红歌、红色旅游（象征革命或政治觉悟高）

6. 红灯、红线、红牌（象征禁止）

下面各句中画线处词语的意思和用法，你知道吗？

1. 朋友要结婚了，我得给她准备一个大<u>红包</u>。

2. 最近饭馆的生意很<u>红火</u>，顾客特别多。

3. 比赛中，他因为故意伤人被<u>红牌</u>罚下。

4. 因为工作出色，他很快成为公司的<u>红人</u>。

5. 你的健康已经亮起<u>红灯</u>，以后要多注意休息！

二、颜色词"黑"构成的词语及其联想义

《现代汉语词典》中"黑"的义项及释义如下：

①像煤或墨的颜色。

②黑暗：天黑了。

③秘密；非法的；不公开的。

④坏；狠毒。

⑤象征反动。

其中，义项①为"黑"的概念义，义项②~⑤为"黑"的联想义。总体而言，在中国传统文化中，与黑色有关的联想一般都是消极方面的，黑色也是中国人不太喜欢的颜色，经常会引发一些不好的联想。

请看下面三组词语：

1. 黑板、黑白片、黑熊、黑夜（单纯表示颜色）

2. 黑话、黑货、黑钱、黑枪、黑户、黑市、黑信（秘密、非法、不公开的）

3. 黑帮、黑名单、黑社会、黑道、黑店、黑手、黑窝、黑锅、黑心（坏的、反动的）

下面各句中画线处词语的意思和用法，你知道吗？

1. 这些人交流，都用<u>黑话</u>，一般人都听不懂。

2. 连朋友亲人都骗，他真是<u>黑心</u>。

3. 因为不按期还钱，他上了银行的<u>黑名单</u>，今后不可能得到贷款了。

4. 这些东西，在市场上买不到，只能在<u>黑市</u>买，非常贵。

5. 这些年，他靠走私赚了不少<u>黑钱</u>。

6. 你做错的事，不能让别人替你背黑锅。

三、颜色词"白"构成的词语及其联想义

《现代汉语词典》中"白"的义项及释义如下：
①像霜或雪的颜色。
②光亮；明亮：东方发白。
③清楚；明白：真相大白。
④没有加上什么东西的；空白：白卷｜白开水｜白饭。
⑤没有效果；徒然：白费力气｜白跑一趟。
⑥无代价；无报偿：白吃｜白给。
⑦象征反动：白军｜白区。
⑧指丧事：红白喜事。

其中，义项①为"白"的概念义，义项④~⑧为"白"的联想义。总体而言，在中国传统文化中，与白色有关的联想与西方不同，一般都是偏消极方面的，比如中国人的葬礼上经常用到白色，与婚礼上的红色相对应，婚礼和葬礼也因此被称为"红白喜事"。

请看下面几组词语：

1. 白酒、白茶、白领、白皮书、白旗（单纯表示颜色）
2. 白饭、白开水、白煤、白描、白票、白汤、白条、白痴、白丁（没有加上什么东西的）
3. 白搭、白费、白说、白去（没有效果的）
4. 白吃、白喝、白给、白玩（没有代价的）
5. 白党、白色政权、白色恐怖（象征反动的）

下面各句中画线处词语的意思和用法，你知道吗？

1. 你放心，这顿饭我不会白吃，明天就转账给你。
2. 你怎么这么容易就被人骗了，真是白痴！
3. 他自己不努力，你再怎么替他着急，也是白搭。
4. 他不喜欢茶，也不喜欢饮料，只喝白开水。
5. 他们没上过学，也不认识字，都是白丁。

四、颜色词"黄"构成的词语及其联想义

《现代汉语词典》中"黄"的义项及释义如下:
① 像丝瓜或向日葵花的颜色。
② 事情失败或计划不能实现:买卖黄了。
③ 指内容色情的:黄书 | 黄片。

其中,义项①为"黄"的概念义,义项②~③为"黄"的联想义。总体而言,在中国传统文化中,与黄色有关的联想一般都是偏消极方面的。

请看下面几组词语:
1. 黄酒、黄米、黄鹂、黄瓜、黄毛丫头(单纯表示颜色)
2. 黄色小说、黄色录像、黄片儿(象征色情)
3. 黄账;这件事黄了。(指不能实现的)

因为三个颜色词联想义的不同,汉语中"这个人很红/黑/黄",指的是三种不同性质的人。"很红的人"很受欢迎,"很黑的人"心地很坏,而"很黄的人"指其关注色情内容、低级趣味。这不是很有意思?

第二节　汉语动物词语中的文化信息

语言中指称动物的词语常常含有丰富的联想义,不同语言中动物词语的联想义有时相同,有时又存在很大差异。

一、"狗"构成的词语及其联想义

词典里"狗"只有一个义项,但它构成的词语数量却不少,很多还是表意比较特别的成语、惯用语等。在汉语中,"狗"参与构成的词语一般含有贬义或嘲笑的意思,常常是骂人的话,比如:狗吃屎;狗胆包天;狗苟蝇营;狗急跳墙;狗皮膏药;狗屁;狗屎堆;狗头军师;狗腿子;狗尾续貂;狗血喷头;狗咬狗;狗仗人势;狗嘴里吐不出象牙;狗咬吕洞宾,不识好人心。

(一) 词语释义

【狗咬狗】比喻坏人之间互相争斗。

【狗仔队】指跟踪名人以获取独特新闻（多为个人隐私）的记者们（含有贬义）。

【狗胆包天】指人胆大妄为（骂人的话）。

【狗急跳墙】比喻走投无路时采取不顾一切地行动。

【狗仗人势】指依仗他们的势力欺负人（骂人的话）。

【狗头军师】指爱给人出主意而主意并不高明的人。

【狗嘴里吐不出象牙】比喻坏人嘴里说不出好话来。

【狗咬吕洞宾，不识好人心】吕洞宾是传说中的八仙之一。意思是，如果狗连吕洞宾这样的好人都咬，就是分不清好坏。

（二）部分词语的用法

1. 你真是<u>狗胆包天</u>，竟敢骗起父母来了！
2. 因为担心被警察抓住，小偷<u>狗急跳墙</u>，抢了一辆车逃走了。
3. 他这是<u>狗仗人势</u>，以为老板喜欢他就随便欺负别人！
4. 你呀，真是<u>狗嘴里吐不出象牙</u>，什么事都被你说得这么难听！
5. 他呀，就是一个<u>狗头军师</u>，你听他的建议准会吃亏。

二、"狐"构成的词语及其联想义

词典里"狐"只有一个义项，即"狐狸"，但其所构成的词语却不少。"狐"参与构成的词语一般含有贬义或嘲笑的意思，常常是骂人的话，比如狐媚、狐疑、狐狸精、狐狸尾巴、狐假虎威、狐朋狗友、狐群狗党。

（一）词语释义

【狐假虎威】狐狸假借老虎的威势吓跑百兽。比喻依仗别人的势力来欺压人。

【狐狸精】中国传说中能迷惑人的变成人形的狐狸。比喻迷惑、勾引男人的女子（骂人的话）。

【狐狸尾巴】传说狐狸变成人形后，尾巴会经常露出来。比喻终究要暴露出来的坏主意或坏行为。

【狐朋狗友】指品行不端、不务正业的朋友。

【狐朋狗党】指勾结在一起的坏人。

【狐群狗党】指勾结在一起的坏人。

【狐疑】怀疑（人们认为狐狸的典型性情是疑心很重）。

【狐媚】像狐狸精一样妖媚（含贬义）。

（二）部分词语的用法

1. 时间一长，他的狐狸尾巴一定会露出来，到时候你就知道他没安好心了。

2. 你跟他们在一起就知道吃饭喝酒打牌，还是离这些狐朋狗友远点儿吧。

3. 她呀，是因为长得漂亮才当上经理秘书的，其实就是个狐狸精！

4. 他呀，就是狐假虎威，因为他爸有钱就欺负别人！

5. 他一脸狐疑地看着同屋，不知道他为什么突然对自己这么热情。

三、"虎"构成的词语及其联想义

《现代汉语词典》中"虎"的义项及释义如下：

①动物。

②〈比喻〉勇猛、威武：虎将｜虎虎有生气。

③〈方〉露出凶相：虎起脸。

"老虎"的义项及释义如下：

①虎的通称。

②比喻大量耗费能源和原材料的设备：煤老虎｜电老虎。

③比喻有大量贪污、盗窃或偷税漏税行为的人。

④特指职位很高的严重腐败分子。

汉语中，"虎"构成的词语数量非常多，其中很多词语是以联想义参与构词的。在汉语中，"虎"主要有两种联想义：一种倾向于褒义，与虎的勇猛威武、有气势有关，比如虎背熊腰、虎彪彪、虎将、虎劲、虎步、虎气、虎生生、虎势、虎头虎脑；一种倾向于贬义，与虎的凶猛、危险、会伤人有关，比如虎口、虎口拔牙、虎穴、虎狼之心、虎视眈眈。

（一）词语释义

【虎背熊腰】形容人的身体魁梧强壮。

【虎彪彪】形容壮实而威风。

【虎将】勇猛善战的将领。

【虎劲】勇猛的劲头。

【虎步】矫健威武的脚步。

【虎头虎脑】形容强壮憨厚的样子（多指男孩儿）。

【虎口】比喻危险的境地。

【虎穴】老虎的窝，比喻危险的境地。

【老虎钳】一种可以起钉子或夹断钉子和铁丝的手工工具。

【虎口拔牙】比喻做十分危险的事。

【虎视眈眈】形容贪婪而凶狠地注视。

【虎狼之心】比喻凶残的野心。

（二）部分词语的用法

1. 他干起活儿来，有一股子虎劲。

2. 他身体强壮，是个虎彪彪的小伙子。

3. 他和哥哥长得完全不一样，一个身材瘦高，一个虎背熊腰。

4. 他迈着虎步，噔噔噔地走上台来。

5. 你想从他的公司抢生意，就是虎口拔牙，太难了。

6. 这个年轻人终于逃离虎口，摆脱了坏人的控制。

四、"狼"构成的词语及其联想义

词典里"狼"只有一个义项，"狼"构成的词语一般含有贬义或嘲笑的意思，常常是骂人的话，比如狼狈、狼狈为奸、狼吞虎咽、狼心狗肺、狼子野心、虎狼、狼藉。

（一）词语释义

【狼狈】形容困苦或受窘的样子。

【狼狈为奸】比喻坏人互相勾结做坏事。

【狼吞虎咽】形容吃东西又猛又急。

【狼心狗肺】形容心肠狠毒或忘恩负义。

【狼子野心】比喻凶暴的人用心狠毒，本性难改。

【虎狼】比喻凶狠残暴的人。

【狼藉】乱七八糟；杂乱不堪。

(二) 部分词语的用法

1. 今天外出遇到大雨，我们没带伞，弄得都很<u>狼狈</u>。
2. 这两个人<u>狼狈</u>为奸，这些年做了不少坏事。
3. 昨天晚上他们几个朋友一起喝酒，今天房间里一片<u>狼藉</u>。
4. 这个人真是<u>狼心狗肺</u>，我帮过他那么多，却一直换不来他一颗真心。
5. 饿了一天，我一进家门就<u>狼吞虎咽</u>地吃起来。

思考：

1. 从下面的成语中，你能看出中国文化中不同动物词语的联想义吗？

鼠目寸光　抱头鼠窜　胆小如鼠　兔死狐悲　狡兔三窟

蛇蝎心肠　打草惊蛇　马到成功　万马奔腾　老牛舐犊　气壮如牛

杀鸡吓猴　尖嘴猴腮　呆若木鸡　鹤立鸡群

放虎归山　虎视眈眈　虎入羊群　藏龙卧虎　龙腾虎跃　望子成龙

2. 你的母语或你知道的语言中，颜色词语和动物词语的联想义与汉语有什么异同？

第三节　汉语同类词语词义发展中的文化信息

单个词语联想义中蕴含的文化信息常常是具体的、零散的，而成组相关词语的词义发展中体现出的则是更高层次的文化信息。比如与植物有关的两组词语"秀""穆""茂""英""花"与"莠""稗""秽""萎""草"，两组词语的词义发展方向相反，而各组内部则词义发展方向相同。

"秀"本义是农作物抽穗、开花。"穆"本义是农作物成熟后的风采。"茂"本义是农作物茂盛。"英"和"花"本义是花朵。这几个词，后来都发展出"美好"的意思，比如"秀丽""静穆""图文并茂""英才""花样年华"。

而"莠""稗""秽"，本义都指田间杂草，只是种类不同。"萎"本义指草木枯死。后来，"莠""稗""秽"发展出品质坏的、肮脏的、丑的意思，比如"良莠不齐""稗政""自惭形秽"。"萎"发展出衰败、精神不振的意思，比如"萎靡不振"。"草"则发展出低贱的意思，比如"草民""草寇"。

这两组词语的词义发展体现的是中国传统的审美趣味。我们可以从中体会出，在古代中国的农业社会中，人们对于自己赖以生存的农作物的重视和喜爱。看到农作物开花，就感觉亲切，感到欢喜，因而会产生积极的、美好的联想；而看到危害农作物生长的杂草在田间蔓延或看到农作物枯死，就会感觉厌恶，感觉难过，因而会产生一些负面的、消极的联想。可以看出，词义联想的内容往往与人们的生活环境、文化传统和价值取向密切相关，不同语言词义发展中蕴含的文化信息因此各具特色。

小　结

词语除了概念义之外，常常还会有联想义。词的概念义是客观的，不同语言中指称相同事物的词，其概念义往往是相同的。而词的联想义则会因文化背景、风俗习惯、民族心理的不同而不同。比如颜色词"红"，在汉语中有"喜庆""欢乐""顺利""革命"的联想义，而英语中 red 则有"战争""流血""恐怖"的联想义。

词语的联想义反映的是语言使用者对于词语及词语指称对象的态度、感情和价值判断，含有丰富的文化信息，其中最有特色的是颜色词语和动物词语。本讲主要介绍汉语颜色词"红""黑""白""黄"和动物词语"狗""狐""虎""狼"的联想义，并借助词典释义和由这些词语构成的复合词来分析其中蕴含的文化信息。此外，还通过对两组植物名词词义发展方向的分析，展现其中蕴含的更高层次的文化信息。

补充资料　英汉颜色词和动物词的联想义比较

英语和汉语分别属于不同语系，二者之间在语言各个方面的差异都非常明显，颜色词和动物词联想义的差异也是如此。两种语言在颜色词语和动物词语联想义方面的差异，反映的是两种语言背后的文化背景、风俗习惯、认知观念等方面的差异，是文化信息的差异。

一、英汉颜色词语联想义的差异

在中国文化中，红色象征吉祥喜庆、成功、革命、热情，因此人们结婚时穿红色的衣服，房间里摆放很多红色的装饰物，节日里挂大红灯笼，点上红色的蜡烛等。颜色词"红"，在汉语中除了表示颜色外，还有顺利、吉祥、成功和受人重视等联想义，如"开门红""红运""红人""红火"。这些词翻译成英语分别为 get off to a good start、good luck、a rising star、flourishing，可以看出，其中都不包含 red。

颜色词"黑"，在汉语中除表示颜色以外，还带有反动、坏的等联想义，如"黑帮""黑手""黑幕""黑后台"。而这些词翻译成英语后都与 black 无关，其中"黑帮"翻译成 reactionary gang，"黑后台"翻译成 sinister backstage boss。可以看出，英语中的 black 并没有这类联想义。与之相应的是，在英语中，black 可以表示深色、暗淡、阴郁、怒气冲冲、不吉利、邪恶等意思，比如 black tea（红茶）、a black look（怒视）、black art（妖术）、black mark（污点）等，翻译成汉语时都不会用上"黑"。

二、英汉动物词语联想义的差异

英语中指称动物的词语，其联想义也与汉语不同。

在中国传统文化中，"龙"代表皇帝，象征高贵和吉祥，如"龙袍""龙颜""龙椅""龙腾虎跃""龙马精神""龙凤呈祥"。但在英语文化中，dragon 是一种凶恶的妖怪，会让人联想到凶暴、严厉的人，因此"His wife is a dragon."不能翻译成"他的妻子是一条龙"，而应翻译成"他的妻子是个悍妇"。

在中国传统文化中，"狗"并不是受人宠爱的动物，汉语中由"狗"构成的词语一般都是贬义词，不少还是骂人的话。比如"狗腿子"指给有势力的人干活的人，是骂人不做好事；"狗胆包天"是骂人胆大妄为；"狗咬狗"比喻坏人之间互相争斗；"狗嘴里吐不出象牙来"比喻坏人嘴里说不出好话。而在很多西方人看来，狗是忠诚善良的好伙伴，所以"爱屋及乌"译成英语是 love me love my dog；而说一个人很幸运时，就会说"He is a lucky dog."。

　　这些例子都说明，词义与文化有很大的关系，要真正了解和掌握汉语的词义，一定要结合中国的文化背景来学习。

第七讲　现代汉语中的词汇场[①]

汉语中的词不是孤立存在的。词语往往因为语音、词汇、语法等方面具有某些共同特点，而产生各种不同的关系。因为语音形式相同，形成同音词，比如"一枝花"和"花了不少钱"中的"花"；因为具有同样的构词成分，形成同素词，比如"安静"与"安全"；因为具有相同的意义成分，形成同义词或近义词，比如"碰"与"撞"；因为词性相同，形成名词、动词、形容词等不同类聚。此外，因为造词法、构词方式或词语来源等方面相同，也都可以形成各种不同的词语类聚，即词汇场。

我们主要观察汉语中三个有特色、与词义相关的词语类聚：同义词汇场、反义词汇场、整体-部分词汇场。

第一节　汉语同义词汇场

同义词的字面意思就是语言中意义相同的词。不过，观察语言中的同义词往往会发现，词义完全相同的词几乎是不存在的。任何语言中的同义词之间都会存在某种差异，存在某种表达功能上的分工。因为人类语言往往遵循一种经济原则，就是在满足表达需要的情况下使用尽量少的语言材料。如果两个词在语言交际中作用完全一样，就没有共同存在的必要。事实上，当语言中产生表义完全相同的词语时，一般会面临两种选择：一是有所取舍，保留一个，淘汰一个；二是对同义词进行表达功能上的分工，让二者各司其职，相互补充。

[①] 本讲主要参考文献为：葛本仪．现代汉语词汇学［M］．修订本．济南：山东人民出版社，2011；董秀芳．整体与部分关系在汉语词汇系统中的表现及在汉语句法中的凸显性［J］．世界汉语教学，2009（4）：435-442．

一、同义词之间的差异类型

汉语同义词之间的差异可以表现在很多方面，有些是词汇意义具有细微差别，有些是语法特征不同，有些是语用色彩不同。比如下面五组词语：

1. 生日/诞辰；爸爸/父亲；见面/会晤；土豆/马铃薯
2. 孩子/宝宝；老头儿/老大爷/老先生；
3. 出租车/的士；维生素/维他命；超短裙/迷你裙；话筒/麦克风
4. 看护/护士；戏院/剧院；佣人/保姆/阿姨
5. 红薯/地瓜；玉米面/苞米面/棒子面；聊天/拉呱/唠嗑

上面几组同义词的差异各不相同，分别表现为语体色彩差异、态度情感色彩差异、来源差异、时代差异和地域差异。这些差异都与同义词的使用条件和使用环境有关，而与词义没有直接关系。

第1组各同义词之间具有语体上的差异，即口语与书面语的差异。其中，前一个词为口语词，一般用于非正式表达；后一个词为书面语词，用于正式语体。比如，"生日"可以是随便哪个人的生日，"诞辰"一般指重要人物或伟大人物的生日，用于正式表达。"见面"可以较随意，但"会晤"一般指非常正式的见面，且往往是重要人物，比如两个国家的领导人正式见面。同样，"土豆"是通俗叫法，而"马铃薯"则是正式的专业名称。

第2组各同义词之间具有情感态度色彩的差异。比如：跟"孩子"相比，"宝宝"带有亲切、喜爱的情感态度色彩。称呼老人时，叫"老头儿"有些不礼貌、不客气；称呼"老大爷"或"老先生"则带有礼貌、尊敬的情感态度色彩。

第3组各同义词之间具有词语来源上的差异。其中，前一个词是汉语词，后一个词是来自其他语言的借词。这里的四个借词都来自英语，"的士""维他命""迷你裙""麦克风"分别对应的英语借词是 taxi、vitamin、mini-shirt、microphone，而"出租车""维生素""超短裙""话筒"则是采用汉语词汇材料和造词方式产生的汉语词。

第4组各同义词之间具有时代色彩上的差异。其中，前一个词"看护""戏院""佣人"都是七八十年前中国人使用的汉语词汇，现在已不再使用，而换成相应的"护士""剧院""保姆/阿姨"。不过，在反映当时生活或历史的文学作品或影视剧中，使用的还是当时的那些词，比如，称呼在家里帮忙做家务的人为"佣人"，称呼在医院从事护理工作的人为"看护"。

第5组各同义词之间具有地域差异。其中，前一个词都是普通话使用的词，后面的词则是具有地域色彩的方言词。比如："地瓜"是北方方言词，河南人、山东人常常称"红薯"为地瓜；同样是玉米面，东北人称为"苞米面"，河北人称为"棒子面"；普通话是"聊天"，山东人说"拉呱"，东北人说"唠嗑"。

虽然上面各组词语具有相同的词汇意义，对应着相同的概念，指称相同的事物，但在语言中每一个词语都不是多余的，它们各有分工，具有不同的表达功能。实际上，正因为这些同义词的存在，语言的表现力变得更强，语言所展示的社会生活色彩、情感态度色彩也更丰富。

需要特别说明的是，汉语同义词之间的差别，很多表现在意义方面的细微差别。关于同义词之间的意义差别，将在本书第三编具体展开，这里不再详述。此外，汉语中的多义词往往在某个或某些义项上与其他词语构成同义词；而在另外一些义项上没有同义关系，不构成同义词。比如，"短"在词典中有三个义项：

【短】①形 与"长"相对。②动 缺少，欠。③名 缺点。

从这三个义项来看，在动词义项②上，"短"和"缺少、欠"构成同义词，比如"这件衣服150块，我只有100块，还短/缺少/欠50块。"在名词义项③上，"短"和"缺点"构成同义词，比如"取长补短""扬长避短"。需要注意的是，这些义项对应的同义词往往只在某些语境中可以互相替换，并不是在所有语境中都能互相换用。比如"我短你50块，明天再给你吧"，其中"短"可以换成"欠"，但不能换成"缺少"。

再如："老""旧"在"陈旧"这个义项上，构成同义词，在某些语境中可以互相换用，比如"这衣服样式太旧了"可以说成"这衣服样式太老了"，但不是在所有语境中都能换用，比如"这双鞋太旧了"不能说成"这双鞋太老了"。

二、同义词产生的原因和途径

人类社会的发展、人们思维方式的发展、语言本身的发展等，都可以促成同义词的产生和发展。同义词的形成可以有各种不同的途径（前面分析的同义词的差异类型就都与同义的产生途径相关）。

1. 人们对事物的感情和态度不同而产生同义词，比如孩子/宝宝、老人/老头儿。

2. 是否接受外语词的语音形式而产生同义词，比如拷贝/复制、麦克风/话筒。

3. 语言中书面语与口语词并存而产生同义词，比如生日/诞辰、黎明/早晨。

4. 因吸收方言词而产生同义词，比如搞/干/做、把戏/手段。

5. 因科学术语与日常用语并存而产生同义词，比如昆虫/虫子、齿龈/牙床。

6. 因人们对事物认识的角度不同而产生同义词，比如信封/信皮、番茄/西红柿。

7. 因汉语词义演变形成同义词，比如丈夫/老公、丈人/岳父、岁/年。

8. 因汉语词双音化而产生同义词，比如眼/眼睛、路/道路、丢/丢失、到/到达。

9. 因词序不同而产生同义词，比如感情/情感、互相/相互。

三、同义词的特点和使用价值

汉语同义词的特点主要表现在两个方面：一是构词方面，二是使用方面。

从构词方面来看，汉语同义词中，具有相同语素的同义词占很大比重。其中既包括具有相同语素的单双音同义词，比如窗/窗户、路/道路；也包括具有相同语素的双音同义组，比如帮助/帮忙、保护/保卫、生长/成长。

从使用方面来看，单双音同义词之间最显著的差异是与其他词语搭配时受到的音节限制不同。一般来说，单音词往往倾向于与单音词搭配，双音词往往倾向于与双音词搭配。比如，一般说"开窗""打开窗户"，不说"打开窗""开窗户"。一般说"学琴""学车"，而不能说"学习琴""学习车"。而具有相同语素的两个双音词之间，其词义相同点往往与其相同语素有关，相异点则与相异语素有关，比如保护/保卫、表达/表示。

汉语中同义词的使用价值主要包括表达价值与构词价值。

从表达价值来看，使用同义词可以适合不同场合的表达需要，或表达不同的感情或态度。比如：正式的场合需要使用书面语词，一般情况下使用口语词或通用词；对待别人时有时态度亲切，有时态度冷淡，有时尊敬有礼，有时傲慢无礼。因此，"出生/诞辰"适合不同的表达场合，而"老人/老头儿"则表达出不同的态度和感情。

从构词价值来看，汉语中很多四字成语往往使用同义或近义语素构词，比如东张西望、东躲西藏、东奔西跑、生离死别、同甘共苦、左思右想、左顾右盼、左邻右舍、思前想后、思来想去。一般来说，这些成语的四个构词成分中，第一个和第三个成分词义相关，第二个和第四个成分词义相关，或词义相同、相近，或词义相反。在"东张西望""东躲西藏""东奔西跑"中，"东/西"意义相反，"张/望""躲/藏""奔/跑"则词义相同或相近。"生离死别""同甘共苦"中，"生/死""甘/苦"意义相反，"离/别""同/共"则意义相同。"左思右想""左顾右盼""左邻右舍"中，"左/右"意义相反，"思/想""顾/盼""邻/舍"则意义相同或相近。"思前想后""思来想去"中，"前/后""来/去"意义相反，"思/想"则意义相同。了解汉语成语的这种构词特点，可以通过已知成分义去推断未知成分义，比如看到"东张西望"，知道"望"的意思，就能推断出"张"的词义与之相同或相近。

第二节 汉语反义词汇场

我们说话或写作时，常常需要用到反义表述，用相反或相对的说法来进行对比或比较，比如："这本书很难，可那本书很容易。""他对别人很大方，对家人却很小气。"这两个句子中，"难/容易""大方/小气"表示相反的意思，是两对反义词。不过，语言中表示相反意义的词语或表达方式并不都是反义词，比如"好/不好""美/不美"只是反义表述，并不构成反义词。

一、反义词的构成条件

一般认为，构成反义词需要符合一些特定的条件。

首先，反义词表示的是同类事物或概念，属于同一个上位概念。比如

"男/女"都表示性别,同属于"性别"这一上位概念。其他如远/近、大/小、轻/重、黑/白等,都是如此。

其次,反义词的词性相同。一般来说,词性不同的词往往表达的是性质不同的概念。比如,名词指称的是事物,形容词指称的是事物的性质,动词指称的是动作行为。词性不同的词一般不构成反义词。比如傻子/聪明、缺点/完美,一个是名词,另一个是形容词,虽然词义中有相反的成分,但都不构成反义词。

最后,反义词的语体色彩一致,要么都是口语词,要么都是书面语词。比如生/死、买/卖、大方/小气,构成反义词的两个词都具有口语色彩,用于非正式表达;而诞生/逝世、购买/销售、慷慨/吝啬,构成反义词的两个词则都具有书面语色彩,用于正式表达。

此外,汉语中的反义词往往音节相同,一般是单音词对单音词,双音词对双音词,比如大/小、伟大/渺小、买/卖、购买/销售。单音词对双音词的情况极少。

从词性来看,汉语反义词中形容词最多,其次是名词和动词。

形容词性反义词,比如:厚/薄、粗/细、软/硬、香/臭、宽/窄、单纯/复杂、光明/黑暗、积极/消极、骄傲/谦虚、诚实/虚伪。

名词性反义词,比如:天/地、天堂/地狱、战争/和平、优点/缺点、优势/劣势、主观/客观、具体/抽象、朋友/敌人、现象/本质。

动词性反义词,比如:爱/恨、借/还、扩大/缩小、建设/破坏、团结/分裂、支持/反对。

二、反义词的类型

汉语反义词有两种类型,一种是绝对反义词,另一种是相对反义词。

绝对反义词表示事物相反的两面,不是 A 就是 B,不存在中间状态,比如真/假、死/活、正确/错误、合法/非法。绝对反义词之间不存在"不 A 不 B"形式,因此不能说"不真不假""不死不活",最多只能说"半真半假""半死不活"。

相对反义词表示事物对立的两种情况,但存在中间状态,比如黑/白、大/小、冷/热、远/近、困难/容易。相对反义词之间往往存在中间状态,可以有"不A不B"形式，比如"不黑不白""不大不小""不冷不热""不远不近"。

三、反义词的词义对应关系

反义词之间的词义对应关系主要分为三种：一是单义词与单义词意义相反；二是单义词与多义词的某个义项意义相反；三是多义词与多义词在某个义项上构成反义关系；四是多义词和多义词在多个义项上构成反义关系。

单义词对单义词，比如输/赢、优点/缺点。

单义词对多义词的某个义项，比如买/卖、哭/笑。

【买】拿钱换东西。

【卖】①拿东西换钱。②为了自己的利益出卖祖国或亲友。③尽量用出来。④故意表现在外面，让人看见。

"买"是单义词，与"卖"的义项①构成反义词，"买苹果"与"卖苹果"表意相反。"卖"还有另外两个义项，与"买"并不构成反义词，因此汉语中有"卖国""卖力气""卖乖"，但没有"买国""买力气""买乖"。

【哭】因痛苦悲哀或感情激动而流泪。

【笑】①露出愉快的表情，发出欢喜的声音。②讥笑。

同样，"他哭了"与"他笑了"表意相反，"哭/笑"构成反义词。而"笑"的另外一个义项，则与"哭"并不构成反义词，因此"他总是笑我太笨"的反义表达不是"他总是哭我太笨"。

多义词和多义词在某个义项上构成反义关系，比如真/假。

【真】①真实：这是真的，不骗你。②的确；实在：时间过得真快！③清楚：黑板上的字我看不真。

【假】①不真实。②假定：假设｜假说。③借用：假人之手。

两个词只在第一义项上构成反义词，即"他的话是真的"与"他的话是假的"构成反义表达，在其他义项上并不构成反义词。

多义词和多义词在多个义项上构成反义关系，比如上/下、冷/热、深/浅、好/坏、长/短。

【上】

①方位词。位置在高处的；次序或时间在前的：往上看｜上次｜上半年。

②等级或品质高的：上等｜上级。

③向上面：他是一个很上进的学生｜经济上行。

④由低处到高处：上山｜上楼｜上车。

⑤向上级递呈：上书｜上交｜上缴。

⑥（演出或比赛）出场：这场戏，我上｜这场球，我们几个先上，你后上。

⑦到规定时间开始工作或学习：上班｜上课。

【下】

①方位词。位置在低处的；次序或时间在前的：往下看｜下次｜下半年。

②等级或品质低的：下等｜下级。

③向下面：下降｜经济下行。

④由高处到低处：下山｜下楼｜下车。

⑤向下级发布：下命令｜下通知。

⑥（演出或比赛）退场：这场戏，我下吧，你上｜比赛换人，3号上，5号下。

⑦到规定时间结束日常工作或学习：下班｜下课。

从上面的义项可以看出，"上/下"的全部七个义项都构成反义词。

【冷】

①温度低：天气很冷。

②使冷：冷一下再吃。

③不热情：他说话总是冷冷的。

④不热闹：这里太冷清了。

⑤不受欢迎：这是一个冷门专业。

⑥暗中的；突然的：打冷枪｜冷一想，想不起来。

⑦比喻灰心或失望：心灰意冷。

【热】

①温度高：天气很热。

②使热；加热：这个菜，在微波炉里热一下吧。

③生病引起体温升高：他发热了，需要想办法退热。

④热情：她是个热心肠，爱帮助别人。
⑤形容非常羡慕或想得到：看到朋友买了新衣服，他很眼热。
⑥受欢迎：他学的是热门学科｜这种产品最近热销。
⑦表示某种热潮：最近出现了旅游热/出国热。

从上面的义项可以看出，冷/热并非在每个义项上都构成反义词。"天气很热"与"天气很冷"，"这个菜，在微波炉里热一下"与"冷一下再吃"，"热门学科"与"冷门专业"构成反义表达；而"出国热""眼热""发热""打冷枪""心灰意冷"则没有相应的反义表达。

四、反义词的特点和使用价值

反义词的特点主要表现在两个方面：一是构词方面，二是使用方面。

从构词方面来看，汉语双音反义词中，具有相同语素的反义词占很大比重，比如高级/低级、进步/退步、上课/下课。

从使用方面来看，具有相同语素的双音反义词往往词性相同，其中的相同语素表明二词所属相同的词义范畴，其中的相异语素则表明反义词之间的意义差异。比如"上课/下课"中，"课"表明两个词都与学校、学习有关，"上/下"则是其词义差别所在。

汉语反义词的使用价值包括表达价值与构词价值。

从表达价值来看，反义词的使用可以强化客观事物之间的对立和矛盾，增强语言的表现力。比如：

1. 旧的不去，新的不来。有借有还，再借不难。
2. 有的人活着，他已经死了；有的人死了，他还活着。
3. 燕子去了，有再来的时候；杨柳枯了，有再青的时候；桃花谢了，有再开的时候。但是，聪明的你，告诉我，我们的日子为什么一去不复返呢？

反义词的构词价值表现在三个方面：

第一，汉语中的单音反义词可以构成不少双音词，比如买卖、早晚、死活、上下、左右、呼吸、开关。由反义语素构成的双音词往往与原词词义相关，但词性不同。比如"买卖"是名词，两个构词语素是动词；"早晚"是副词，两个构词语素是形容词。

第二，有些词，将其中一个语素换成反义语素，可以构成这词的反义词，比如高级/低级、美化/丑化、开幕/闭幕、正面/反面、上游/下游、进步/退步。但不是所有的合成词都可以用这样的方法构成反义词。比如，汉语中有"学习重点"，但不存在词义相反的"学习轻点"；有"轻装前进"，但不存在词义相反的"重装前进"。

第三，反义词可以搭配构成成语、谚语或俗语，比如：大同小异；口是心非；取长补短；生离死别；同甘共苦；左邻右舍；有始有终；东张西望。失败是成功之母；吃苦在前，享乐在后；好话一句三冬暖，恶语伤人六月寒。尤其是四字成语，其四个构词成分中，往往第一和第三个成分意义相关，第二和第四个成分意义相关，两两之间或意义相同、相近，或意义相反。在"大同小异""口是心非""取长补短""生离死别"中，构成成分大/小、同/异、东/西、是/非、长/短、生/死都意义相反。

第三节 汉语整体-部分词汇场

一、整体-部分关系

整体与部分关系普遍存在于客观世界中，无论在自然界还是人类社会中都较为常见。一般认为，人类对于整体与部分关系的认识是从对自己身体的认识开始的。对人类来说，整体与部分关系比较容易感知和把握，是人类较早认识的关系类型之一。

对于整体与部分的关系，需要明确两点。一是部分是整体的自然组成部分，而整体是由各个部分构成的整体，部分之间有清晰的边界，每个部分都有相对独立的功能。比如，一棵树是一个整体，由树根、树干、树枝、树叶几个部分组成，各个部分功能独立，边界清晰。二是整体与部分关系可以是分层级的，即大整体由部分组成，其部分再作为小整体，由更小的部分组成。比如，一只手是一个整体，手指是手的一部分，指甲又是手指的一部分，二者属于不同的整体-部分层级。

汉语中，具有整体与部分关系的词语同样形成词语类聚，构成特色鲜明的词汇场。比如"山"是一个整体，指称其各个部分的词"山顶""山腰"

"山脚""山脊"构成一个整体,这些词不但构词方式相同,且以共同的构词成分"山"作为其词语类聚的形式标志。这样的词语编码形式具有鲜明的文化特征,反映出中国人认识事物的部分时是从整体的角度加以确认的。

二、整体-部分词汇场的特点

观察汉语中表示整体部分关系的词语,会发现这样一些主要特点:

一是从形式上看,表示整体的词一般是单纯词,表示部分的词则都是"整体+部分"式复合词,且双音词占绝大多数。比如,眼睛是整体,眼皮、眼珠、眼睫毛、眼白、眼角则是其各个组成部分,这些词语都是"整体+部分"偏正式复合词,且含有相同语素"眼",共同构成一个与"眼"相关的整体-部分词汇场。

二是从语义类别来看,汉语中表示整体与部分关系的词语类聚往往与人体以及人们身边的事物有关。这是因为人们对于整体与部分关系的关注一般是从认识自己的身体和身边最熟悉的事物开始的。尤其是表示身体部位的词,边界清晰,功能独特,可以说是人们认识整体与部分关系的起点。比如"眼睛""鼻子""耳朵""嘴巴""手""脚"等表示人体部位的词语,"瓶子""杯子""船""车""床""窗户"等表示人们身边最熟悉事物的词语,都形成各自的"整体-部分"词汇场。

三是从关系类型上看,表示整体-部分关系的词语可以分为两类:一类是部分属于整体的自然组成部分,比如耳轮、耳垂是耳朵的自然组成部分,鼻梁、鼻翼、鼻孔是鼻子的自然组成部分。另一类是部分属于整体的附件,而非自然组成部分。比如耳环、耳钉、耳坠、耳塞、耳麦属于耳朵的附件,为附属物或装饰物;鼻环则是鼻子的装饰物。

四是对于功能相近的同类事物,表示整体-部分关系的词语往往是成系列对应的。比如:车、船、飞机都是交通工具,车是整体,其构成部分是车头、车身、车尾、车轮;船是整体,其构成部分是船头、船身、船尾、船桨;飞机是整体,其构成部分是机头、机身、机尾、机翼。其中,"车轮""船桨""机翼"指称的是三种交通工具的典型构件差异,指称其他部分的词语都是成系列对应的。再如,瓶子、杯子、水壶、水桶都是盛水的容器,瓶、杯、壶、桶作为整体,其指称部分的词语则成系列对应:瓶口/瓶身/瓶盖/瓶底、杯口/杯身/杯盖/杯底、壶嘴/壶身/壶盖/壶底、桶口/桶身/桶盖/桶底。

五是不同种类事物形貌相近或相似的部分，其相应词语是成系列对应的。比如领带、腰带、鞋带，分别为领、腰、鞋的装饰物或组成部分，三者形貌相似，都是细长的事物，因此带有共同构词成分"带"。山脊、书脊、屋脊分别为山、书、屋的组成部分，三者形貌相似，都是位于事物中央突出的长条形部分，因此带有共同构词成分"脊"。

三、常见的整体-部分词汇场

（一）常见人体部件名词构成的整体-部分词汇场

眼睛：眼皮、眼珠、眼白、眼睫毛、眼角

鼻子：鼻梁、鼻翼、鼻孔、鼻毛、鼻环

耳朵：耳廓、耳轮、耳垂、耳屎、耳环、耳坠、耳钉、耳饰

手：手掌、手指、手心、手背、手镯

脚：脚掌、脚趾、脚心、脚背

其他词语如肚脐、头发、胳膊肘、腿肚子、嘴角、嘴唇、指甲、趾甲、指环、项链、手镯等。

（二）常见人工物名词构成的整体-部分词汇场

窗：窗框、窗台、窗帘、窗花

笔：笔杆、笔芯、笔尖、笔帽

车：车头、车身、车尾、车轮

船：船头、船身、船尾、船桨

床：床头、床尾、床身、床腿、床幔

瓶子：瓶口、瓶身、瓶盖、瓶底

杯子：杯口、杯身、杯盖、杯底

桶：桶口、桶身、桶盖、桶底

壶：壶嘴、壶身、壶盖、壶底

鞋：鞋头、鞋面、鞋底、鞋跟、鞋带

衣服：衣领、衣袖、衣襟

其他词语如被里、被面、门框、门把手、车把手、车铃、门铃、房顶、

墙头、柜门、房门、车门、表链、表盘等。

（三）常见植物名词构成的整体-部分词汇场

树：树根、树身、树枝、树叶

草：草根、草茎、草叶

西瓜：瓜皮、瓜瓤、瓜子

水果：果皮、果肉、果核

梨：梨皮、梨肉、梨核

桃：桃皮、桃肉、桃核

其他词语如：麦穗、谷穗、高粱穗；桃仁、杏仁、核桃仁；香蕉皮、葡萄皮等。

汉语中，表示事物部分的词往往以"整体+部分"作为词汇编码形式，反映出中国人对事物部分的认知是以整体认知为前提的。其实，这样的认知观念不只反映在汉语词汇中，还反映在汉语句法中。比如，在主谓谓语句中，"这个人，头发长""那棵树，叶子多"，其描述顺序反映的就是由整体到部分的认知顺序。描述某个事物时，句中甚至可以出现多个描述部分的并列短语，比如"这个人，黄头发，蓝眼睛，高鼻子，大嘴巴""那棵树，树干粗，树枝细，叶子多，花儿少"。在表示时间和地点时，往往把指称范围大的放在前面，指称范围小的放在后面，比如"2022年2月22日下午5点08分""中国北京朝阳区朝阳路5号"。可以看出，中国人由整体到部分的认知观念对汉语的影响是很大的。

小　结

汉语中的词汇因各种各样的意义关联组成不同的词语类聚，构成一个个词汇场。同义词汇场、反义词汇场、整体-部分词汇场，是其中最具特色的三类词汇场。与其他语言相比，这三类词汇场在构词方面特色鲜明，共同点是内部成员间往往都含有相同的构词成分。词汇场中的词语以双音复合词为主，两个构词成分各司其职，一个成分表明该词与场内其他词语的意义关联，另一个成分表明其自身词义特性。

同义词之间以相同成分表明其共同点，以相异成分表明其词义细微差别；反义词之间以相同成分表明其共同的意义类属，以反义成分表明其意义对立；整体-部分词汇场的内部成员以相同成分表明其同属于某个整体，以相异成分表明指称的特定部分。

汉语词汇系统中的这些词语类聚如同一群朋友，既个性十足，又有某种共同点将它们聚在一起。

第八讲　现代汉语名词的比喻造词[①]

　　比喻造词,是指新事物的某种属性特征引发人们联想到其他已知事物,人们认定新旧事物之间具有某种相似性,并借助旧事物来为新事物命名。比喻造词是很多语言中都存在的一种造词方式,通过比喻造词方式生成的复合词在汉语中占有相当大的比例。比如,"人海"的得名,是因为人们觉得很多人聚集在一起时与大海汪洋一片的性质特征相似。"虎将"的得名,是因为人们觉得勇猛强悍的人与老虎异常凶猛的性质特征相似。

　　汉语中,参与比喻造词的名词主要有植物名词、动物名词、指人名词、自然物名词、人工物名词、构件类名词。比喻造词时,人们对不同语义类事物的关注点不同,或关注其形貌特征,或关注其颜色特征,或关注其动态特征,或关注其性质特征,或关注其功能特征,或关注其相对位置特征。也就是说,名词在比喻造词时凸显的属性义的类型和特点是不同的。本讲中,我们对不同语义类名词凸显的属性义的类型和特点逐一进行观察。

第一节　比喻造词中名词的属性义及其主要类型

思考:

1. "海鱼"是什么意思?"海碗""海报"呢?
2. "海鱼"与"海碗""海报"在造词方式上有什么差异?

[①] 本讲主要参考文献为:许晓华. 汉语比喻造词中名词性喻指成分属性义研究［M］. 北京:首都经济贸易大学出版社,2016.

一、名词的属性义

汉语复合词一般具有较强的理据性，很多复合词的词义与构词语素的意义直接相关，可由语素义推知词义。当学习者的汉语水平达到一定程度后，也会具有一定的语素意识，遇到生词时会考虑尝试从构词语素义推求词义。比如，学过"海"和"鱼"后，遇到复合词"海鱼"时，学习者一般都能推断出"海鱼"即为"生活在海里的鱼"。

但如果以同样方式进行推断，"海碗"即为"海里的碗"，"海报"即为"海里的报纸"，则会闹出笑话。《现代汉语词典》（第7版）对二词的释义如下：

【海碗】特别大的碗。

【海报】戏剧、电影等演出或球赛等活动的招贴。

之所以出现这种问题，在于"海鱼"与"海碗""海报"的造词方式不同，"海鱼"采用的是常规造词法，为一般复合词；而"海碗""海报"采用的是比喻造词法，属于比喻式复合词。"海"在"海鱼"中以概念义参与构词，在"海碗""海报"中并非以概念义参与构词，而是凸显与海的性质特征相关的意义，即"（面积）大"。我们把像"海"这种名词在参与比喻造词中凸显的意义称为名词的属性义。

二、名词属性义的主要类型

比喻造词过程中，名词凸显的属性义，有的与名词所指称事物的形貌特征相关，比如"木耳""梯田"中的"耳"和"梯"；有的与名词所指称事物的颜色相关，比如"葡萄紫""火红"中的"葡萄"和"火"；有的与名词所指称事物所处的相对位置相关，比如"山腰""墙脚"中的"腰"和"脚"；有的与名词所指称事物的性质相关，比如"海碗""虎将"中的"海""虎"；有的与名词所指称事物的功能相关，比如"电脑""铁笔"中的"脑"和"笔"；有的与名词所指称事物的动态特征相关，比如"龟缩""蜂起"中的"龟"和"蜂"；有的与名词所指称事物的声音特征相关，比如"娃娃鱼""警笛"中的"娃娃"和"笛"。

汉语中，参与比喻造词的名词主要有植物名词、动物名词、指人名词、自然物名词、人工物名词、构件类名词。不同语义类名词在比喻造词中凸显的属性义的类型及特点不同。下面几节我们对不同语义类名词参与的比喻造词逐一进行观察。

第二节　构件类名词的比喻造词

一、人体构件类名词的比喻造词

人类对于世界的认识首先是从认识自己的身体开始的，为新事物命名时，常常会由新事物联想到某个人体构件。因此，人体构件名词参与比喻造词在很多语言中都较为常见。不同民族、不同文化的人，对身体构件的认识有相同点，也有不同点。

汉语中，身体部位名词构成的比喻式复合词数量较多，参与比喻造词的主要人体构件名词有：头/首、顶、鼻、眼、口、嘴、耳、舌、牙/齿、发、须、脖、手、脚、肩、背、肚子、膛、腹、心、掌、腋。

构件名词在比喻造词中凸显的主要有形貌属性义、位置属性义、功能属性义。

（一）凸显形貌属性义的构件名词

请看下面几张图片：

上面三张图片中是三种食物，从左到右分别是木耳、腰果、发菜。三个食物名词都是比喻式复合词，其中的人体构件名词"耳""腰""发"凸显的

都是形貌属性义。也就是说，这三种事物的得名都与人体部位的形貌特征相关，源于人们由其形貌特征联想到人体部位的形貌特征，并认为二者之间存在相似性，即：木耳的形貌像人的耳朵，腰果的样子像弯曲的腰部，发菜缠绕在一起像一团头发。

同样，"门鼻儿""针鼻儿"的得名与鼻子的形貌特征相关，"齿轮""锯齿"的得名与牙齿的形貌特征相关（见下图）。

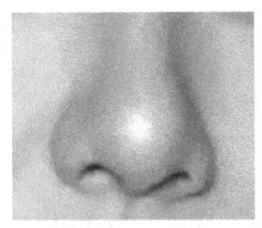

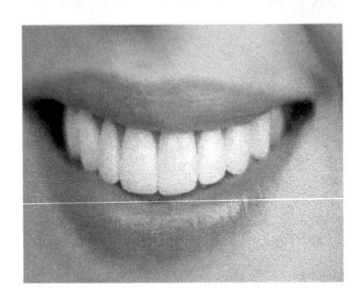

凸显形貌属性义的其他构件名词，如：
"手指肚儿""腿肚子"的得名，与肚子的形貌特征有关。
"山脊""书脊""屋脊"的得名，与脊（柱）的形貌特征有关。
"钢筋""铁筋""橡皮筋""叶筋"的得名，与筋的形貌特征有关。
"触须""卷须""龙须面""须根"的得名，与胡须的形貌特征有关。
"道牙""牙轮""月牙"的得名，与牙齿的形貌特征有关。
"仙人掌"的得名，与手掌的形貌特征有关。
"火舌""帽舌"的得名，与舌头的形貌特征有关。

（二）凸显位置属性义的构件名词

构件名词参与比喻造词，凸显位置属性义，最明显的例子是人们对山脉不同高度位置的命名。人们是基于对自己身体部位的相对位置，来对山脉的不同部位进行命名的："山顶""山腰""山脚"分别对应于人体构件"顶"

"腰""脚"的相对位置特征，山顶位于最高处，山腰位于中间位置，山脚位于最低处。

汉语中，常见构件名词凸显位置属性义构成的比喻式复合词，比如：

"路肩"的得名，与肩位于身体两侧的位置有特征有关。

"烟屁股"的得名，与屁股位于身体后部的位置特征有关。

"刀背""脚背""手背""书背"的得名，与背位于身体后部的位置特征有关。

"榜额""碑额""门额""匾额"的得名，与额位于头部上侧的位置特征有关。

"腹地""韵腹""心腹"的得名，与腹位于身体中部的位置特征有关。

"耳房""耳门""帽耳"的得名，与耳朵位于头部两侧的位置特征有关。

"门脸儿""鞋脸"的得名，与脸位于头部正面的位置特征有关。

"眉批""眉题""书眉"的得名，与眉毛位于头部上侧的位置特征有关。

（三）凸显功能属性义的构件名词

人们对自己身体构件的认识，不只在于其外在形貌特征以及位置特征，还包括对不同身体构件功能特征的认识。构件名词在比喻造词中凸显的功能属性义，即基于人们对身体构件功能特征的认识。比如：

"脚脖子"的得名，与脖子连接头部与躯干的功能有关。

"绿肺"的得名，与肺对空气的呼吸吐纳的功能有关。

"扳手""触手"的得名，与手用于对事物进行触摸或控制的功能有关。

"炉膛""炮膛""枪膛""灶膛"的得名，与胸膛容纳内部各种器官的功能有关。

"桌子腿儿""椅子腿儿"的得名，与腿支撑身体的功能有关。

"电脑""主脑"的得名，与大脑作为神经控制中枢的功能有关。

（四）比喻造词数量较多的构件名词

顶 人们主要关注其位置特征。

从相对位置来看，"顶"即头的最上部。与"顶"这种位置特征相关的比喻式复合词有山顶、顶灯、顶点、顶端、顶峰、顶级、绝顶、到顶等。

【顶灯】①汽车车顶上安装的灯。②安装在天花板上的灯。

【顶点】②最高点；极点。

【顶端】最高最上的部分。

【顶峰】①山的最高峰。

【顶级】最高级别的；水平最高的。

【绝顶】①极端；非常。②最高峰。

【到顶】到了顶点；到了尽头。

首 人们主要关注其位置特征与性质特征。

从相对位置来看，"首"即头，位于人体的最上部。与"首"这种位置特征相关的比喻式复合词有榜首、碑首等。

【榜首】榜上公布的名单中的首位，泛指第一名。

【碑首】碑额。（【碑额】碑的上端。）

从性质来看，人们一般认为头是最重要的人体器官。与"首"这种性质特征相关的比喻式复合词有匪首、祸首、特首、首长、首脑、首都、首相、首犯、首恶、首位、首席、首功、首要、首座、首府、首富、首户、首届、首班车、首播、祸首、岁首、首倡、首创、首次、首度、首发、首推、首选、首演、首映、首战等。

【匪首】盗匪的头子。

【祸首】引起祸患的主要人物。

【特首】称香港、澳门特别行政区行政长官。

【首长】政府各部门中的高级领导人或部队中较高级的领导人。

——上面各词中，"首"的凸显的属性义为"最重要的人"。

【首都】国家最高政权机关所在地，是全国的政治中心。

【首相】君主国家内阁的最高官职。

【首富】指某个地区最富有的人或人家。

【首席】①最高的席位。

——上面各词中，"首"的凸显的属性义为"最高位的、第一位的"。

【首次】第一次。

【首演】首次演出。

【首战】第一次交战。

【首选】首先选中。

【首班车】按班次行驶的第一班车。

——上面各词中,"首"的凸显的属性义为"第一或第一次的"。

头 人们主要关注其位置特征、性质特征与形貌特征。

从相对位置来看,"头"位于人体的最上部、动物身体的最前部。与"头"这种位置特征相关的比喻式复合词有报头、碑头、车头、墙头、桥头、片头、排头、炕头、词头、弹头、火头、箭头、灯头、电唱头、钻头、喷头、电头、杠头、到头、过头、会头、开头、眉头、灶头等。

【报头】报纸的第一版、壁报、黑板报等上头标报名、期数等的部分。

【碑头】碑额。(【碑额】碑的上端。)

【车头】火车、汽车等车辆的头部,特指机车。

【墙头】①墙的上部或顶端。

【片头】电影片、电视片主要内容前面的部分。

【排头】队伍的最前面,也指站在队伍最前面的人。

从性质来看,人们一般认为"头"是最重要的人体器官。与"头"这种性质特征相关的比喻式复合词有寡头、巨头、头领、头目、头人、头马、头羊、头雁、头等、头号、头班车、头生、头年、头天等。

【寡头】掌握政治、经济大权的少数头子。

【巨头】政治经济界等有较大势力能左右局势的人。

【头领】首领。(【首领】②某些集团的领导人。)

【头目】某些集团中为首的人(多含贬义)。

【头马】马群或马帮中领头的马。

【头羊】羊群中领头的羊。

——上面各词中,"头"的凸显的属性义为"群体中最重要的成员或领导者"。

【头等】第一等;最高的。

【头号】①第一号;最大号。②最好的。

【头年】①第一年。②去年或上一年。

【头天】②第一天。

——上面各词中,"头"的凸显的属性义为"第一或最高位的"。

从形貌特征来看,"头"是圆形或近似圆形的。与"头"这种形貌特征相关的比喻式复合词有馒头、坟头、山头、奶头、乳头、蒜头、砖头、拳头等。

【馒头】①面粉发酵后蒸成的食品，一般上圆而下平。

【乳头】乳房上圆球形的突起，尖端有小孔，乳汁从小孔流出。

【蒜头】蒜的鳞茎，略呈球形，是由许多蒜瓣构成的。

口 人们主要关注其形貌特征与功能特征。

从功能特征来看，"口"是人或动物进饮食的器官，发挥的是一种通道入口的功能。与"口"这种功能特征相关的比喻式复合词有窗口、山口、道口、路口、岔口、渡口、港口、海口、豁口、决口、溃口、领口、袖口、闸口、枪口等。

【山口】连绵的山岭中间较低处，多为通道经过的地方。

【海口】河流通海的地方。

【闸口】闸门开时水流通过的孔道。

【领口】衣服上两肩之间套住脖子的孔及其边缘。

从形貌特征来看，"口"的典型样态是向四周张开或敞开。与"口"这种形貌特征相关的比喻式复合词有碴口、裂口、缺口、伤口等。

【碴口】东西断或破的地方。

【裂口】①裂成口儿。

【伤口】皮肤、肌肉、黏膜等受伤破裂的地方。

【缺口】物体边沿上缺掉一块而形成的空隙。

心 人们主要关注其位置特征。

从相对位置来看，"心"位于人体胸腔的中部。与"心"这种位置特征相关的比喻式复合词有靶心、后心、脚心、手心、街心、版心、笔心、菜心、灯心、离心、眉心、球心、实心、岩心、页心、圆心、掌心、指甲心儿、轴心等。

【靶心】靶子的中心部位。

【手心】①手掌的中心部分。

【脚心】脚掌的中央部分。

【街心】街道的中央部分。

第八讲　现代汉语名词的比喻造词

眼 人们主要关注其形貌特征。

眼睛是视觉器官，但在比喻造词中，人们主要关注的是其作为"孔洞"的样貌。与"眼"这种形貌特征相关的比喻式复合词有虫眼、耳朵眼儿、钱眼、网眼、针眼、窟窿眼儿、炮眼、气眼、枪眼、泉眼、腰眼等。

【虫眼】果肉、种子、树木、木器等上面虫蛀的小孔。

【耳朵眼儿】外耳道的开口，呈圆形。

【钱眼】铜钱当中的方孔。

【网眼】网上线绳纵横交织而形成的孔，多呈菱形。

【针眼】①针鼻儿。②被针扎过之后所留下的小孔。

皮 人们主要关注其位置特征和形貌特征。

从相对位置来看，"皮"是位于人体表面的一层组织，位于身体最外部。与"皮"这种位置特征相关的比喻式复合词有地皮、封皮、漆皮、书皮、水皮、信皮儿、油皮等。

【地皮】①地的表面。

【封皮】封面。(【封面】书刊最外面的一层。)

【书皮儿】①书刊的最外面的一层，用厚纸、布、绢、皮等做成。②读者在书皮外面再包上的一层纸，用来保护书。

【水皮】水面。

【信皮儿】信封。(【信封】装书信的封套。)

从形貌特征来看，"皮"是薄片状的。与"皮"这种形貌特征相关的比喻式复合词有豆腐皮、面皮、粉皮、奶皮等。

【豆腐皮】煮熟的豆浆表面上结的薄皮，揭下晾干后供食用。

【奶皮】牛奶、羊奶等煮过后表面上凝结的含脂肪的薄皮。

脚 人们主要关注其位置特征与形貌特征。

从相对位置来看，"脚"位于人体的最下端。与"脚"这种位置特征相关的比喻式复合词有裤脚、墙脚、山脚、地脚、脚灯、脚轮、脚注等。

【裤脚】裤腿的最下端。

【墙脚】墙根。(【墙根】墙的下段跟地面接近的部分。)

【山脚】山的靠近平地的部分。

127

【地脚】书页下面的空白处。
【脚灯】贴近地面安设的灯。
【脚轮】安在提包、箱笼、沙发腿、床腿等底下的小轮子。
【脚注】列在一页末了的附注。

人们用脚行走时,往往是一步一步向前的,脚印一个个连在一起。与"脚"的这种形貌特征相关的比喻式复合词有线脚、雨脚、针脚等。

【线脚】针脚。
【针脚】衣物上针线的痕迹。
【雨脚】指像线一样一串串密密连接着的雨点。

二、动植物构件类名词的比喻造词

动物和植物与人类的生活密切相关,人类对动植物各种属性特征的认识也反映在比喻造词中。汉语中由表示动物或植物构件的名词所构成的比喻式复合词数量也较多。在比喻造词中,动植物构件名词凸显的属性义主要有四类:一是位置属性义,二是形貌属性义,三是功能属性义,四是性质属性义。

汉语中参与比喻造词的常见的动物构件名词有甲、鳞、羽、翼、尾、角等。常见植物构件名词有叶、果、茎、梢、根、种等。动植物构件名词构成的比喻式复合词数量不少。下面列举的是一些常见动植物构件名词构成的比喻式复合词。

翼 人们主要关注其位置特征。

"翼"即鸟类的翅膀,位于鸟类身体两侧,鼻翼、机翼、翼侧的得名即与"翼"的位置特征相关。

【鼻翼】鼻尖两旁的部分。
【机翼】飞机等飞行器两侧伸出像鸟翼的部分。
【翼侧】作战时部队的两翼。

甲 人们主要关注其功能特征。

"甲"即甲壳类动物体外的其保护作用的外壳，铠甲、盔甲、铁甲、指甲、趾甲的得名即与"甲"的这种功能特征有关。

【铠甲】古代兵士打仗穿的护身服装，多用金属片缀成。
【铁甲】①古代用铁片连缀而成的战衣。②用厚钢板做成的车或船的外壳。
【指甲】指尖上面的角质物，有保护指尖的作用。

鳞 人们主要关注其形貌特征。

"鳞"为有鳞鱼类身体外面层层叠加的鳞甲，鳞波、鳞茎、鱼鳞坑的得名即与"鳞"的这种形貌特征有关。

【鳞波】像鱼鳞一样的波纹。
【鳞茎】地下茎的一种，形状像圆盘。（鳞茎层层相叠，比如洋葱）
【鱼鳞坑】为蓄水或种树而在山坡上挖的坑，交错排列像鱼鳞。

角 人们主要关注其形貌特征。

"角"为牛羊鹿等头上长出的坚硬的东西，一般细长而弯曲，上端较尖。"角"的形貌特征包括具体与抽象两种：具体形貌特征即"细长而弯曲，上端较尖"，菱角、皂角、角果、触角的得名即与这种形貌特征相关。抽象形貌特征即"两个边沿相接的部分"，额角、眼角、嘴角、视角、墙角、转角、拐角、角楼、角门等词语即与角的这种形貌特征相关。

【菱角】一种植物的果实，形状像角，可以食用。
【角果】干果的一种，由两个心皮构成，成熟时果皮由基部向上裂开。
【额角】额的两旁。
【嘴角】上下唇两边相连的部分。
【视角】由物体两端射出的两条光线在眼球内交叉而成的角。
【墙角】两堵墙相接而形成的角。

嘴 人们主要关注其形貌特征与功能特征。

"嘴"原义为鸟类向前突出的嘴，一般细长，前端较尖，后来泛指人和动物的嘴。"嘴"的形貌特征为"向前突出，细长形，前端较尖"，山嘴、沙嘴、豆嘴儿的得名即与这种形貌特征相关。嘴的功能为进食与呼吸的通道，奶嘴、喷嘴、烟嘴、瓶嘴儿、壶嘴儿的得名既与这种通道功能相关，也与其形貌特征相关。

【山嘴】伸出去的山脚的尖端。

【沙嘴】由于流水速度降低，所挟带的泥沙很快沉淀而形成的跟陆地相连的沙滩。（像海洋向陆地伸出的嘴）

【豆嘴儿】泡开的大豆或刚刚露芽的大豆，做菜用。（像向上突出的张开的嘴）

【奶嘴】装在奶瓶口上的像奶头的东西。

【喷嘴】喷射流体物质用的零件，一般呈管状，出口的一端管孔较小。

尾 人们主要关注其位置特征。

"尾"是鸟兽虫鱼等动物身体末端突出的部分。"尾"的位置特征为"位于末端、在最后的"，年尾、排尾、片尾、榜尾、词尾、韵尾、结尾、烂尾、扫尾、收尾、追尾、尾灯、尾房、尾花、尾款、尾矿、尾声、尾数、尾音、尾追等词语的得名即与这种位置特征有关。

【年尾】年底、年终。

【排尾】队伍的最后面，也指站在队伍最后面的人。

【片尾】电影片、电视片主要内容后面的部分。

【扫尾】结束最后部分的工作。

【收尾】①结束事情的最后一段；煞尾。②文章的末尾。

【尾灯】装在汽车、摩托车等交通工具尾部的灯。

【尾声】④指某项活动快要结束的阶段。

【尾数】①小数点后面的数。②结算账目中大数目之外剩下的小数目。

131

叶 人们主要关注其形貌特征。

"叶"是植物体的一部分,"叶"的形貌特征为"由中心枝干向两侧对生伸展",肺叶、合叶的得名即与这种形貌特征相关。

【肺叶】肺表面深而长的裂沟把左肺分成两部分,把右肺分成三部分,每一部分叫一个肺叶。

【合叶】由两片金属构成的铰链,大多装在门、窗、箱、柜上面。

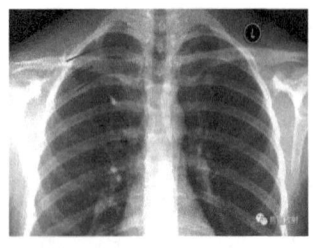

梢 人们主要关注其位置特征。

"梢"是树木枝条的末端,一般较细。"梢"的位置特征为"细长物的末端",炕梢、眉梢、辫梢儿、眼梢的得名即与这种位置特征有关。见以下词的释义。

【炕梢】炕离烧火的地方远的一头。

【眉梢】眉毛的末端部分。

【眼梢】靠近两鬓的眼角。

【辫梢】辫子的末端部分。

第三节 自然物类名词的比喻造词

人类对于自然界的认识是其认识世界的重要组成部分。自然界中的事物既有生物类,又有非生物类。本节中的自然物名词限定于非生物类。人们为新事物命名时,常常会由新事物联想到某个熟悉的自然物。在很多语言中,自然物名词参与比喻造词都较为常见。不同民族、不同文化的人,对自然物的认识和关注点有相同之处,也存在明显差异。

汉语中，自然物类名词构成的比喻式复合词数量较多，参与比喻造词的主要自然物类名词有两类：一类是自然界中存在的事物，比如海、河、冰、波、潮、山、天、地；另一类是自然现象，比如风、雨、雪、火、雷、光、霜、烟。

一、自然物类名词属性义的主要类型

在汉语比喻造词中，自然物类名词主要凸显的是性质属性义、形貌属性义、颜色属性义、动态属性义。比如：

"油光""油滑""油亮""油绿"中"油"凸显性质属性义"光滑发亮的"，即与油的性质特征有关。

"月饼""月城""月琴""月亮门"中"月"凸显形貌属性义"圆形的"，即与满月的形貌特征有关。

"蚕沙""豆沙""沙瓤""沙眼"中"沙"凸显形貌属性义"颗粒状的"，即与沙子的形貌特征有关。

"雪白""雪亮""雪柳""雪豹"中"雪"凸显颜色属性义"白色的"，即与雪的颜色特征有关。

"银白""银河""银耳""银发"中"银"凸显颜色属性义"白色的"，即与银的颜色特征有关。

"山积""林立""云集"中，"山""林""云"凸显的动态属性义"大量地堆积、挺立、汇集"，即与其各自的动态特征有关。

二、常见自然物类名词的比喻造词

汉语比喻造词中，构词数量较多的常见自然物类名词主要有以下九个。

海 人们主要关注其形貌和性质特征。

在中国人的认识中，大海面积很大，看不到边际，让人感觉变幻莫测、有些危险，同时恒久不变，永远在那里。在比喻造词中，"海"凸显的属性义有三种：第一种是形貌属性义，与海覆盖面积大、看不到边际的形貌特征有关，比如人海、烟海、火海、云海、林海。第二种是内在性质属性义，与海的性质特征"面积大"有关，比如海报、海碗、海量、海涵、海选。第三种是评价性质属性义，与人们对海的主观认识和评价有关，比如宦海、商海、

股海与人们认为"大海变幻莫测，充满风险和挑战"的性质相关，"海誓山盟"则与人们认为"大海一直都在，恒久不变"的性质有关。此外，"海蓝"中，"海"凸显的是颜色属性义，与海的颜色特征有关。见以下词的释义。

【人海】像汪洋大海一样的人群。

【云海】从高处下望时，平铺在下面的像海一样的云。

【林海】像海洋一样一望无际的森林。

【火海】指大片的火。

【海碗】特别大的碗。

【海量】①敬辞，宽宏的度量。②指很大的酒量。③泛指极大的数量。

【海涵】敬辞，大度包容（用于请人原谅时）。

【海选】一种不提名候选人的直接选举，由投票人投票选举，得票多者当选。

【宦海】指官吏争夺功名富贵的场所。

【商海】指充满竞争和风险的商业领域。

【股海】指变化不定并充满风险的股票市场。

【海誓山盟】男女相爱时所立的誓言和盟约，表示爱情要像山和海一样永恒不变。

云 人们主要关注其形貌、颜色、性质和动态特征。

云指在空中悬浮的由水滴、冰晶聚集形成的物体。在比喻造词中，其色彩、形状、性质、动态等自然属性都能被凸显出来。"云"凸显的属性义有四种：第一种是颜色属性义，与"云"或白或绚丽的色彩特征有关，比如云锦、云蒸霞蔚、云片糕。第二种是形貌属性义，与云呈朵状的形貌特征有关，比如云板、云豹等。第三种是性质属性义，与云高居天空的性质特征有关，比如云杉、云梯、云雀等。第四种是动态属性义，与云不断流动变化、时聚时散的动态特征有关，比如云散、云集、云游。见以下词的释义。

【云锦】我国一种历史悠久的高级提花丝织物，色彩鲜艳，花纹瑰丽如彩云。

【云蒸霞蔚】形容景物灿烂绚丽。

【云片糕】用米粉加糖和核桃仁等制成的糕，切作长条形薄片（为白色）。

第八讲　现代汉语名词的比喻造词

【云板】旧时打击乐器，……两端作云头形……

【云豹】体侧黑纹像云朵的豹（豹的一种）。

【云杉】常绿大乔木，高可达 45 米……

【云梯】攻城或救火时用的长梯。

【云雀】鸟，羽毛赤褐色，……飞得高……

【云霄】极高的天空。

【云散】像天空的云那样四处散开。

【云集】像天空中的云一样从各处聚集在一起。

【云游】到处遨游，行踪无定（多指僧尼道士）。

冰 人们主要关注其形貌、性质和动态特征。

在中国人的认识中，冰是一种白色透明的物质，温度很低，让人感觉很冷，同时温度高时会快速消融。在比喻造词中，"冰"凸显的属性义主要有三种：第一种是性质属性义，与冰温度低的性质特征有关，比如冰冷、冰凉。第二种是形貌属性义，与冰白色、半透明的形貌特征有关，比如冰糖、冰毒、干冰、可燃冰。第三种是动态属性义，与冰逐渐消融的动态特征有关，比如冰释、冰消瓦解。见以下词的释义。

【冰冷】①很冷。②非常冷淡。

【冰凉】（物体）很凉。

【冰糖】一种块状的食糖。透明或半透明，多为白色。

【冰毒】一种毒品，白色晶体，很像小冰块。

【干冰】固态的二氧化碳，白色，半透明，外观像冰。

【可燃冰】指天然气水合物结晶，外形像冰。

【冰释】像冰一样融化，比喻嫌隙、怀疑、误会等完全消除。

【冰消瓦解】比喻完全消释或崩溃。

波 人们主要关注其动态和性质特征。

波即水中的波浪，在中国人的认识中，波浪从中间向四周层层推进扩散，一直起伏变化，从不稳定。在比喻造词中，"波"凸显的属性义主要有两种：第一种是动态属性义，与波上下起伏、不稳定的动态特征有关，比如波动、波荡、波及。第二种是性质属性义，与波层层推进、不断由中心向外扩散的

135

性质特征有关。见以下词的释义。

【波动】起伏不定；不稳定。

【波荡】②比喻动荡不安定。

【波及】牵涉到；影响到。

【秋波】秋水之波，比喻美女的眼睛或眼神。

【眼波】旧时形容流动如水波的目光（多指女子的目光）。

【声波】能引起听觉的振动波。

【电波】指无线电波。

【冲击波】通常指核爆炸时，爆炸中心压力急剧升高，使周围空气猛烈震荡形成的波动。

【地震波】由于地震而产生的向四外传播震动。

【余波】指事件结束以后留下的影响。

潮 人们主要关注其性质和动态特征。

潮即潮汐，也叫潮水。在中国人的认识中，潮汐是突然不断涌出的大量海水，威力很大。在比喻造词中，"潮"凸显的属性义主要是性质属性义，与潮大量涌出、力量大、影响大的性质特征有关。此外，"潮"也凸显动态属性义，与潮大量涌出的动态特征有关。见以下词的释义。

【人潮】像潮水般的人群。

【红潮】①害羞时两颊上泛起的红色。

【心潮】像潮水一样起伏的心情。

【寒潮】从寒冷地带向中、低纬度地区侵袭的冷空气。

【学潮】指学生、教职员因对政治或学校事务有所不满而掀起的风潮。

【新潮】①事物发展的新趋势；新的潮流。

【热潮】形容蓬勃发展、热火朝天的形势。

【潮涌】像潮水那样涌来。

池 人们主要关注其形貌和性质特征。

池即池塘。在中国人的认识中，池塘四周高，中间低，里面容水。在比喻造词中，"池"凸显的属性义主要是形貌属性义，与池塘四周高、中间低的形貌特征有关。见以下词的释义。

【电池】把化学能或光能等变成电能的装置（内部容纳电能）。

【花池】庭园中四周矮栏围绕，中间种植花草的地方。

【乐池】舞台前面乐队伴奏的地方，有矮墙跟观众席隔开。

【舞池】供跳交际舞用的地方，多在舞厅的中心，比休息的地方略低。

【灯池】一种安装在房屋顶部的灯饰，灯具安装在凹进去的夹层里。

火 人们主要关注其颜色和性质特征。

在中国人的认识中，火是红色的，温度高，着火后火势快速蔓延，且越燃越烈，难以控制，情况往往很紧急。在比喻造词中，"火"凸显的属性义有两种：第一种是颜色属性义，与火颜色红的特征有关，比如火红、火鸡、火腿。第二种是性质属性义，其中火热、火烫与火温度高的性质特征有关，火急、火速与火快速蔓延、情况紧急的性质有关，心火、怒火、欲火、战火与火强度很大、很难控制的性质有关。见以下词的释义。

【火红】①像火一样红。

【火腿】腌制的猪腿，颜色为暗红色。

【火鸡】鸟，嘴大，头部有红色肉质的瘤状突起。

【火急】非常紧急。

【火速】用最快的速度（做紧急的事）。

【火爆】①暴躁；急躁。②旺盛、热闹、红火。

【火热】像火一样热。

【火烫】非常热。

【心火】②心里的怒气。

【怒火】指极大的愤怒。

【欲火】指强烈的欲望（多指情欲）。

【战火】指战争或战事（就其破坏作用和带来的祸害而言）。

金 人们主要关注其颜色和性质特征。

在中国人的认识中，金子是黄色的，价值很高，很贵重。在比喻造词中，"金"凸显的属性义有两种：第一种是颜色属性义，与金子黄色的颜色特征有关，比如金黄、金橘、金瓜、金丝猴。第二种是性质属性义，与人们认为金子贵重、价值高的性质特征有关，比如金贵、金点子、金饭碗、金领、金婚、

137

黄金时间等。见以下词的释义。

【金黄】黄而微红略像金子的颜色。

【金橘】常绿灌木或小乔木，果实小，长圆形，果皮金黄色。

【金丝猴】哺乳动物，毛灰黄色。

【金瓜】草本植物，果实卵形，橘红色。②古代一种兵器，棒端呈瓜形，金色。

【金贵】珍贵；贵重。

【金点子】指极具价值的主意、办法。

【金饭碗】比喻稳定而待遇非常优厚的职位。

【金领】指掌握现代科技，能创造大量财富因而收入较高的高级科学技术人员。

【金婚】西方俗称结婚五十周年为金婚。

【黄金时间】比喻极为宝贵的时间。

【金科玉律】比喻不能变更的信条或法律条文。

【金口玉言】极难得的可贵的话。

林 人们主要关注其形貌、性质和动态特征。

林即树林。在中国人的认识中，树林是很多树木汇聚的地方。在比喻造词中，"林"凸显的属性义有两种：第一种是形貌属性义，与林为一大片树木汇聚的形貌特征有关，比如碑林、石林、塔林、艺林。第二种是性质属性义，与林汇聚在一起的性质特征有关，比如武林、儒林等。此外，在"林立"一词中，"林"凸显的是动态属性义，与林中树木一齐向上挺立的动态特征有关。见以下词的释义。

【碑林】石碑林立的地方。

【石林】由许多柱状岩石组成的地貌，是石灰岩地区特有景象。

【塔林】僧人的塔形墓群，多坐落在寺庙附近。

【艺林】图书典籍荟萃的地方。

【武林】指武术界。

【儒林】原指儒家学者群，后泛指读书人的圈子。

第四节 动物类名词的比喻造词

各种各样的动物是自然界的重要组成部分，也是人们认识世界的主要对象。人们为新事物命名时，常常会由新事物联想到某个熟悉的动物。因此，动物类名词参与比喻造词在很多语言中都较为常见。不同民族、不同文化的人，对动物的认识和关注点有相同之处，也存在明显差异。

参与比喻造词的动物类名词一般都是人们生活中比较熟悉的动物。汉语中，动物类名词构成的比喻式复合词数量较多。构词数量较多的常见动物类名词主要有虎、马、龙、鸟、牛、狼、虫、蛇、鼠、狗、猫、凤、鱼、蜂、猴、螺、鹰、猪、狐、鸡等。动物的形貌、颜色、动态、功能、性质、声音等属性特征在汉语比喻造词都可能受到关注，尤其是动物的形貌特征、动态特征及人们对其性情的评价。比如：

在"斑马线""凤眼""蜂糕"中，"斑马""凤""蜂"凸显的是形貌属性义。

在"虎背熊腰""狐朋狗友"中，"虎""熊""狐""狗"凸显的是性质属性义。

在"驼色""乌龟""蟹青""鹤发"中，"驼""乌""蟹""鹤"凸显的是颜色属性义。

在"蚕食""蝉联""鲸吞""狙击"中，"蚕""蝉""鲸""狙"凸显的是动态属性义。

在"铁牛""竹马""马扎"中，"牛""马"凸显的是功能属性义。

一、动物类名词属性义的特点

参与比喻造词的动物类名词，属性义凸显的特点主要表现在四个方面。

第一，比喻造词中人们关注的动物形貌特征不只是动物整体形貌特征，还包括动物某一突出部位的形貌特征，以及与动物相关事物的典型形貌特征。主要分为三种情况：一是所指物与动物的整体形貌相似，如龙灯、狼狗、海燕、纸鸢、蚕蚁中的"龙""狼""燕""鸢""蚕"。二是所指物与动物的部分形貌特征相似，如米象（与象的鼻子形貌相似）、凤鲚（与凤尾形貌相似）、蛤蟆镜（与蛤蟆的眼睛形貌相似）、海马（与马头部形貌相似）。三是所指物与动物的所属物相似，如蜂糕（与蜂窝形貌相似）。

第二，很多动物类名词凸显的性质属性义，一般不源于动物的内在性质，而主要源自人们对动物性情的认识与评价。比如：在中国人的认识中，蛇是一种狠毒的动物，因此以蛇比喻心肠狠毒之人，"美女蛇""地头蛇""佛口蛇心"中"蛇"凸显的就是"狠毒"或"狠毒的人"属性义。人们对牛的评价是力气大、脾气倔强，"牛劲""牛脾气""牛性""牛气"中"牛"凸显的属性义即与这种评价有关。人们对枭、狼的评价是凶狠而强悍，因此人们会以二者比喻具有类似性质的人或其他事物，比如"盐枭""私枭""色狼""黄鼠狼""狼毒""狼心狗肺"中"枭""狼"凸显的属性义。

第三，与其他语义类名词相比，比喻造词中凸显动态属性义的动物类名词数量更多。这与人们对动物动态特征往往予以特别关注和观察有关，比如"雀跃""鹊起""蛇行""鼠窜"等都是由动物的某种典型行动方式联想到人的某些行为或某种社会现象。

【雀跃】高兴得像雀儿一样的跳跃。

【鹊起】像喜鹊忽地飞起，形容名声飞起传扬。

【蛇行】全身伏在地上，爬着前进。

【鼠窜】比喻像老鼠那样的惊慌逃走。

【兔脱】比喻像兔子一样快速逃走。

【蛙泳】游泳的一种姿势，因像蛙游的姿势而得名。

【蝶泳】游泳的一种姿势，因形似蝶飞而得名。

【牛饮】像牛一样大口地喝。

【鸟瞰】像鸟一样从高处往下看。

【鱼贯】像游鱼一样一个挨一个地接连着（走）。

【鹅行鸭步】像鹅和鸭子那样行走，形容行动迟缓。

【猫食】比喻很小的饭量。

【猫步】指时装模特儿表演时走的台步，类似猫行走的样子。

【马趴】像马一样身体向前跌倒的样子。

【蜂起】像蜂群似的拥挤着（走）。

【蜂聚】像蜂群似的聚在一起。

【蜂起】像蜂飞一样成群地起来。

【蚕食】像蚕吃桑叶那样一点一点地吃掉，比喻逐步侵占。

【蝉联】连续（多指连任某个职务或继续保持某种称号），像蝉鸣一样的连续不断。

【鲸吞】像鲸鱼一样地吞食，多用来比喻吞并土地等。

【鸠合】像斑鸠一样地集合；联合。（现在一般写作"纠合"。）

【狼奔豕突】狼和猪东奔西跑，比喻成群的坏人乱窜乱撞。

【龟缩】比喻像乌龟的头所在甲壳里那样躲藏在里面不出来。

【虎视】像老虎一样贪婪而凶狠地注视。

【狐媚】像狐狸一样用媚态迷惑人。

第四，凸显性质属性义时，凸显消极意义的动物名词数量及其所构成的比喻式复合词数量，皆远多于凸显积极意义的动物名词。也就是说，中国人对动物的评价往往倾向于消极、负面，动物名词所构成的复合词也多具贬义色彩。比如：

【糊涂虫】不明事理的人（骂人的话）。

【可怜虫】比喻可怜的人（含鄙视意）。

【懒虫】懒惰的人。

【书虫】比喻喜欢书籍并沉迷于其中的人。

【网虫】网迷（含诙谐意）。

【应声虫】比喻随声附和的人。

【地头蛇】指当地的强横无赖、欺压人民的坏人。

【色狼】指贪色并凶恶地对女性进行性侵犯的坏人。

【电老虎】比喻凭借手中的权力谋取私利、刁难用户的电力单位或人员。

出现这种情况，其实并不难理解。人类一向自认为是万物中地位最高贵的生灵，比喻造词时以卑贱的动物喻人，本身就是对人的一种贬低，相关词语自然会带有贬义色彩。

二、常见动物类名词的比喻造词

汉语比喻造词中，构词数量较多的常见动物类名词主要有以下六个。

乌 主要凸显颜色属性义。

乌即乌鸦，是一种全身羽毛为黑色的鸟。在中国人的认识中，黑色的羽毛是这种鸟最引人注目的地方，在比喻造词中，"乌"只凸显一种属性义，即颜色属性义——黑色的，比如乌黑、乌亮、乌龟、乌金、乌梅、乌木、乌云、乌鱼、乌贼、乌龙茶等。

【乌黑】深黑。

【乌亮】又黑又亮。

【乌龟】爬行动物，体扁，有硬甲，长圆形，背部隆起，黑褐色，有花纹……

【乌贼】软体动物，体内有囊状物能分泌黑色液体……

【乌金】指煤。

【乌梅】经过熏制的梅子，外面黑褐色……

【乌木】常绿乔木，木材黑色……

【乌云】黑云。

【乌龙茶】半发酵的茶叶，黑褐色。

【乌纱帽】一种黑色的纱帽。借指官职。

虎 主要凸显性质属性义和动态属性义。

虎即老虎。在中国人的认识中，老虎是一种凶猛强悍、有威力的大型食肉动物。在比喻造词中，"虎"凸显的属性义主要有两种：一是与人们对老虎的这种认识和评价有关的性质属性义，即"强悍、有威力的"，比如虎将、虎鲸、壁虎、秋老虎、电老虎。二是基于人们对老虎动态特征认识而凸显的动态属性义，比如虎视、虎视眈眈、龙腾虎跃、虎踞龙盘。另外，还有少量比喻式复合词中的"虎"凸显形貌属性义，比如艾虎、虎符。

【壁虎】爬行动物，能在壁上爬行，吃蚊、蝇、蛾等小昆虫。

【拦路虎】过去指拦路打劫的匪徒，现在指前进道路上的障碍和困难。

【爬山虎】①落叶藤本植物，能附着在岩石或墙壁上。（以"虎"喻其生命力旺盛。）

【电老虎】①比喻凭借手中的权力谋取私利、刁难用户的电力单位或人员。

【秋老虎】立秋以后仍然十分炎热的天气。

【虎将】勇猛善战的将领。

【虎鲸】鲸的一种,常成群游弋,性凶猛,为海中害兽。

【虎劲】勇猛的劲头。

【虎气】形容有气势。

【虎视】贪婪而凶狠地注视。

【虎视眈眈】形容贪婪而凶狠地注视。

【虎踞龙盘】像虎蹲着,像龙盘着,形容地势险要。

【龙腾虎跃】形容威武雄壮,非常活跃。

【龙争虎斗】比喻双方势均力敌,斗争激烈。

【艾虎】用艾做成的像老虎的东西。

【虎符】古代调兵用的凭证,用铜铸成虎形,分两半,右半存朝廷,左半给统兵将帅。

龙 主要凸显形貌属性义。

龙是中国古代传说中的一种神异动物,身体长,有鳞、有角、有脚,能走,能飞,能游泳,能兴云降雨。在中国古代社会中,龙是帝王的象征。在比喻造词中,"龙"主要凸显形貌属性义,与其"身体长"的形貌特征相关。比如"龙船""龙虾""龙灯"得名与龙的具体形貌特征相关,即这种船、虾、灯的样子看起来像龙;而"火龙""水龙""长龙""合龙""一条龙"得名则与龙"体长"的抽象形貌特征相关。此外,在比喻造词中,"龙"还凸显动态属性义,如龙飞凤舞、龙腾虎跃、虎踞龙盘、龙争虎斗等。

【火龙】比喻连成一串的灯火或连成一线的火焰。

【水龙】救火用的引水工具,多用数条长的帆布输水管接成。

【长龙】比喻排成的长队。

【合龙】修筑堤坝或桥梁等从两端施工,最后在中间结合,叫作合龙。

【一条龙】①比喻一个较长的行列。②比喻紧密联系和配合的生产程序或工作环节。

【龙船】装饰成龙形的船。

【龙灯】民间舞蹈用具,用布或纸做成的龙形的灯。

【龙虾】节肢动物,身体圆柱形而略扁,长 30 厘米左右。

【来龙去脉】山形地势像龙一样连贯着。比喻人、物的来历或事情的前因后果。

【龙飞凤舞】形容山势蜿蜒雄壮，也形容书法笔势舒展活泼。

马 主要凸显形貌、性质和功能属性义。

马是中国农耕社会中一种常见的大型家畜，可以耕地，可以驾车，也可以被人骑。人们对马非常熟悉，因此在比喻造词时常常联想到马的相关特征。在比喻造词中，"马"凸显的属性义主要有三种：一是形貌属性义"形状像马的"。这与马的部分或整体形貌特征相关，比如木马、鞍马、斑马、海马。二是性质属性义"（像马一样）大的"。这与人们认为马是一种体形较大的牲畜的性质特征有关，比如马蜂、马勺。三是功能属性义"可以被人骑在上面的"。这与马可供人骑的功能特征有关，比如竹马、马桶、马扎。

【木马】①木头制成的马。②运动器械，略像马。③形状像马的儿童游戏器械。

【鞍马】体操器械的一种，形状略像马。

【斑马】哺乳动物，形状像马。

【海马】鱼，头与躯干成直角，略像马头。

【马勺】盛粥或盛饭用的大勺，多用木头制成。

【马蜂】胡蜂的通称（比一般的蜂体形大）。

【竹马】①儿童放在胯下当马骑的竹竿。

【马扎】一种小型的坐具，腿交叉，上面绷帆布或麻绳等。

牛 主要凸显形貌属性义和性质属性义。

牛也是中国农耕社会中一种常见的大型家畜，显著特征是头上有角。人们对牛也非常熟悉，因此在比喻造词时常常联想到牛的相关特征。在比喻造词中，"牛"凸显的属性义主要有两种：一是形貌属性义"形状像牛的"。这与牛角的形貌特征相关，比如羚牛、土牛、蜗牛、鼻牛儿。二是性质属性义"倔强的、力气大的"。这与人们对牛的性情评价相关，中国人认为牛比较倔强、脾气很大，力气也很大，比如牛劲、牛脾气、牛气、牛性。此外，在"牛饮""牛蛙"中，"牛"分别凸显动态与声音属性义，则与牛经常大口喝水以及发出的叫声相关。

【羚牛】哺乳动物，外形像水牛。

【土牛】堆在堤坝上以备抢修用的土堆，从远处看去像一头头的牛。

【蜗牛】软体动物，头部有两对触角，腹面有扁平的脚，壳略作扁圆形、球形或椭圆形（与牛一样头上有角）。

【鼻牛儿】鼻腔里干结的鼻涕（看起来像干硬的牛角）。

【牛劲】大力气。

【牛脾气】倔强执拗的脾气。

【牛性】牛脾气。

【牛气】形容自高自大的骄傲神气。

【牛饮】像牛一样大口地喝。

【牛蛙】蛙的一种，身体比普通青蛙大得多，叫的声音像牛。

蛇 主要凸显性质属性义。

蛇是一种体形较长的爬行动物。在比喻造词中，"蛇"凸显的属性义与人们对蛇的主观评价有关。中国人认为蛇是一种凶残、狠毒的动物，在"美女蛇""地头蛇""佛口蛇心"中，"蛇"凸显的就是评价性质属性义"狠毒的"。此外，在"蛇瓜"中，"蛇"凸显的是形貌属性义；在"蛇行"中凸显的是与蛇爬行形态有关的动态属性义。

【美女蛇】美貌但狠毒的女子。

【地头蛇】指当地的强横无赖、欺压人民的坏人。

【佛口蛇心】比喻嘴上说得好听，心肠却非常狠毒。

【人蛇】〈方〉指偷渡的人。

【蛇瓜】一年生草本植物，果实圆柱形，长可达一米以上，嫩时灰白色，外形略像蛇，是常见蔬菜。

【蛇行】全身伏在地上，爬着前进。

第五节 常见植物类名词的比喻造词

各种各样的植物是自然界的重要组成部分，也是人们认识世界的主要对象。人们为新事物命名时，常常会由新事物联想到某种熟悉的植物。因此，植物类名词参与比喻造词，在很多语言中都较为常见。不同民族、不同文化的人，对自然物的认识和关注点有相同之处，也存在明显差异。

参与比喻造词的植物类名词一般都是人们生活中比较熟悉的植物，比如花、草、葱、姜、西瓜、苹果、葡萄、橙、桃、兰、荷花、玫瑰、桃花、豆子、柳、桐等。汉语中，植物类名词构成的比喻式复合词数量较多，植物的形貌、颜色、性质等三方面属性特征在汉语比喻造词中最受关注。

一、植物类名词属性义的特点

比喻造词中，植物类名词属性义凸显的特点主要有两个：

一是绝大多数名词的属性义与植物局部器官（如花、叶、根、果实等）较为突出的属性特征相关，而很少与植物整体的属性特征相关。如果植物的某一局部器官具有能够引起人们注意的特点，或对人而言具有某种特殊价值或用途，人们就会对其属性特征格外关注，遇到新事物时就可能联想到植物的这种属性特征。比如：

"橘黄""橘红"中"橘"凸显颜色属性义，与橘子果实的颜色特征有关。

"橄榄球""橄榄绿"中"橄榄"分别凸显形貌属性义与颜色属性义，与橄榄果实的形貌与颜色特征有关。

"柳眉""柳腰""柳琴"中"柳"凸显形貌属性义，与柳叶细长的形貌特征有关。

"玫瑰红""玫瑰紫"中"玫瑰"凸显颜色属性义，与玫瑰花的颜色特征有关。

"桃红""桃色"中"桃"凸显颜色属性义，与桃花的颜色特征有关。

"苹果绿"中"苹果"凸显颜色属性义，与苹果果实的颜色特征有关。

"葡萄紫""葡萄胎"中"葡萄"分别凸显颜色属性义和形貌属性义，与葡萄果实的颜色和形貌特征有关。

"兰章""莲步"中"兰""莲"凸显性质属性义，与人们对两种植物花的性质评价（即"美好的"）有关。

"芝麻官"中"芝麻"凸显性质属性义，与芝麻种子的性质特征（即"小的"）有关。

"腐竹""爆竹"中"竹"凸显形貌属性义，与竹子枝干分节的形貌特征有关。

二是植物类名词中凸显颜色属性义的名词所占比例明显高于其他语义类名词。这与植物往往具有较为引人注目的颜色特征相关，不管是苹果、葡萄、橘子、杏、石榴等水果，还是桃花、玫瑰、荷花等花朵，抑或葱、姜、草等。与这些植物颜色特征相关的颜色词也成为汉语颜色词的重要组成部分，比如橘红、橘黄、橄榄绿、玫瑰紫、桃红、苹果绿、葡萄紫、豆绿、杏黄、枣红等。

【橘黄】比黄色略深的橘子皮的颜色。

【橄榄绿】像橄榄果实那样的青绿色。

【玫瑰紫】像紫红色玫瑰花的颜色。

【桃红】像桃花的颜色；粉红。

【苹果绿】（像青苹果那样的）浅绿色。

【葡萄紫】（像葡萄那样的）深紫中带灰的颜色。

【豆绿】像青豆那样的绿色。

【草绿】绿而略黄的颜色。

【杏红】黄中带红，比杏黄稍红的颜色。

【杏黄】黄而微红的颜色。

【栗色】像栗子皮那样的颜色。

【枣红】像红枣儿的颜色。

【姜黄】形容像姜那样的黄色。

【藕灰】浅灰而微红的颜色。

二、常见植物类名词的比喻造词

汉语比喻造词中，构词数量较多的常见植物类名词主要有以下五个。

花 主要凸显形貌属性义和性质属性义。

在所有植物类名词中，"花"所构成的比喻式复合词数量最多。在比喻造词中，"花"凸显的属性义主要有两种：一是形貌属性义"形状像花朵的"，比如雪花、冰花、火花、豆花、泪花、灯花、花卷。二是性质属性义。"花"凸显的性质属性义不是花的内在性质，而是与人们的评价相关的属性义。中国人对花的性质评价主要包括两个，即"漂亮"和"驳杂不单纯（各种颜色都有）"。在"校花""花容月貌"中，"花"凸显属性义"漂亮的"；在"花心""花招""花腔""花白""花言巧语"中，"花"凸显属性义"驳杂、不单纯的"。

【雪花】空中飘下的雪，形状像花，因此叫雪花。

【冰花】指凝结呈花纹的薄薄冰层（多在玻璃窗上）。

【火花】迸发的火焰（给人感觉像花朵）。

【窗花】剪纸的一种，多作窗户上的装饰。

【灯花】灯芯燃烧时结成的花状物。

【豆花】〈方〉食品，豆浆煮开后，加入盐卤而凝结成的半固体。

【油花】(~儿)汤或带汤食物表面上浮着的油滴。

【泪花】含在眼里要流还没有流下来的泪珠。

【浪花】蜡烛点了一些时候之后烛心结成的像花一样的东西。

【礼花】举行庆祝典礼时放的烟火。

【花卷】一种蒸熟吃的面食，多卷成螺旋状。

【校花】指被本校公认的最漂亮的女学生。

【花容月貌】形容女子美丽的容貌。

【花心】①指爱情上不专一的感情（多指男性）。②指爱情上不专一。

【花白】（须发）黑白混杂。

【花腔】有意把歌曲或戏曲的基本腔调复杂化、曲折化的唱法。

【花招】①姿势好看而不实用的武术动作。②欺骗人的狡猾手段、计策等。

【花言巧语】①指虚假而动听的话。②说虚假而动听的话。

草 主要凸显颜色属性义和性质属性义。

在所有植物类名词中，"草"所构成的比喻式复合词数量也较多。在比喻造词中，"草"凸显的属性义主要有两种：一是颜色属性义"颜色像草一样的"，比如草绿、草灰。二是性质属性义。"草"凸显的性质属性义不是其内在性质，而是与人们的评价相关的属性义。人们认为，"草"多为野草，不能作为庄稼，也不像花一样具有观赏价值，因此较为低贱。与此相关，"草"在"草民""草寇"凸显的评价属性义即为"低贱的"。此外，"草书"中"草"

凸显的性质属性义"凌乱、不规整的",也与野草杂乱的属性特征相关。

【草绿】绿而略黄的颜色。

【草灰】灰黄的颜色。

【草民】平民(含卑贱义)。

【草寇】旧时指在山林出没的强盗(含卑贱义)。

【草书】汉字字体,特点是笔画相连,写起来快。

葱 主要凸显颜色属性义。

葱是一种绿色植物,可作蔬菜,也可作调味料。在比喻造词中,"葱"的颜色属性特征最受关注,主要凸显颜色属性义,即"颜色像葱一样的",比如葱绿、葱翠、葱茏、青葱。

【葱绿】浅绿而微黄的颜色。

【葱翠】(草木)青翠。

【葱茏】(草木)青翠茂盛。

【青葱】形容植物浓绿。

瓜 主要凸显形貌属性义和动态属性义。

瓜即西瓜,是一种水果,为球形或椭圆形。在比喻造词中,"瓜"凸显的属性义有两种:一是形貌属性义"球形的、形状像西瓜的",与其形貌属性特征相关,比如脑瓜、糖瓜。二是动态属性义"像切瓜一样地分开",比如瓜分。

【脑瓜】即脑袋(头是球形的)。

【糖瓜】用麦芽糖制成的瓜状食品。

【瓜分】像切瓜一样地分割或分配,多指分割疆土。

柳 主要凸显形貌属性义。

柳是一种树木,最引人注目的是其垂落枝条的细长形的叶子。在比喻造词中,"柳"凸显的形貌属性义与柳叶的形貌特征有关,比如柳眉、柳腰、柳琴。

【柳眉】指女子细长秀美的眉毛。也叫柳叶眉。

【柳腰】指女子柔软的细腰。

【柳琴】弦乐器,外形像琵琶(长形的)。

第六节　人工物类名词的比喻造词

我们身处的世界中，除了自然物类事物以外，还有大量的人工物。每种人工物都与人类的活动有关，是人类为满足自己的某种需要生产或制造出来。因为具有某种特定的功能，满足人们某种特定的需要，很多人工物成为人们日常生活中非常熟悉的事物，所以当人们为新事物命名时，常常会由新事物联想到某种熟悉的人工物。人工物类名词参与比喻造词在很多语言中都较为常见。不同民族、不同文化的人，对人工物类事物的认识和关注点有相同之处，也存在明显差异。

汉语中，人工物类名词构成的比喻式复合词数量较多，参与比喻造词的人工物类名词一般都是人们生活中比较熟悉的人工物。构成比喻式复合词数量最多的是盘、板、轮、线、门、带、筒、球、床、道、斗、塔、管、环、路、针、囊、柱、刀、梯等。其中，人工物的形貌、功能、性质、动态等四方面的属性特征在汉语比喻造词中最受关注。

一、人工物类名词属性义的特点

比喻造词中，人工物类名词属性义凸显的特点有两个：

一是人工物类名词参与比喻造词时，凸显形貌属性义的词语数量最多。也就是说，在比喻造词时，人们对人工物形貌特征的关注度要高于其他属性特征，包括对人工物而言最重要的功能特征。凸显形貌属性义时，构词数最多的人工物类名词，如柱、梯、管、环、针、塔、斗、球、带、筒、板、轮、线、盘等，所指称的事物都具有一个共同特点，即这些人工物的外形都比较规则，且具有很强的稳定性，很少发生变化，因此往往能成为某种典型形状的代表性事物，比如柱形、梯形、管状、环形、针状、塔形、（漏）斗状、球形、带状、筒状、（平板）形、轮状、线性、盘状。以下各词中人工物类名词都凸显形貌属性义。

【火柱】柱状的火焰。
【板楼】多层或高层的略显狭长的板型的楼房。

【带鱼】鱼，体长侧扁，形状像带子。
【翻斗】可以翻转的、形状略像斗的车厢。
【食管】连接咽头和胃的管状器官。
【光环】某些行星周围明亮的环状物。
【年轮】木本植物在木质部的断面显出的环形纹理。
【线香】用木屑加香料做成的细长而不带棒儿的香。
【磁针】针形磁铁，通常是狭长的菱形。
【光盘】用激光束记录和读取信息的圆盘形存储载体。
【松球】松树的果穗，多为卵圆形。

二是人工物类名词参与比喻造词时，凸显功能属性义的词语数量比其他语义类名词多。不过，虽然功能和用途是人们制造人工物的目的，但凸显功能属性义且构词能力强的人工物类名词却没有凸显形貌属性义的名词数量多。值得注意的是，构词数最多的人工物名词"床""囊""门""道""路"等，其凸显的功能属性义并非与人工物的具体功能特征相关，而是与由人工物具体功能抽象概括而成的、更为抽象的功能特征有关。比如：

床的具体功能是"供人躺在上面睡觉的家具"，在比喻造词中，其功能属性义抽象为"起承载作用的平面"，比如河床、车床、苗床。

囊的具体功能是"装东西的口袋"，在比喻造词中，其功能属性义抽象为"起容纳作用的事物"，比如胆囊、胶囊、饭囊。

道、路的具体功能是"供人或车马通行的地面"，在比喻造词中，其功能属性义抽象为"充当某种途径的事物"，比如胆道、产道、财路、电路、棋路。

二、常见人工物类名词的比喻造词

汉语比喻造词中，构词数量较多的常见人工物类名词主要有以下十个。

板 主要凸显形貌属性义和性质属性义。

板是片状的木头，表面较平，手感较硬。在比喻造词中，"板"凸显两种属性义：一是形貌属性义，与板的片状、表面较平的形貌特征有关，比如板楼、板鸭、板寸、板斧、板刷、板牙。二是性质属性义，与板的手感较硬或很少变形的性质特征有关，比如板结、板硬、板实、板正、古板、板滞。

151

【板楼】多层或高层的略显狭长的板型的楼房。

【板鸭】宰杀后褪毛，经盐渍并压成扁平状风干的鸭子。

【板寸】一种发式，头顶上的头发推平至一寸左右。

【板斧】刃平而宽的大斧子。

【板刷】毛比较粗硬的刷子，板面较宽。

【板鸭】宰杀后褪毛，经盐渍并压成扁平状风干的鸭子。

【板牙】切牙（表面平直，较宽）。

【石板】片状的石头，多用为建筑材料。

【钢板】板状的钢材。

【腰板】人的腰和背（表面平直）。

【板结】土壤因缺乏有机质，结构不良，灌水或降水后地面变硬。

【板实】（土壤）硬而结实。

【板硬】像板子一样坚硬。

【板正】（形式）端正；整齐（没有变形）。

【板滞】（文章、图画、神情等）呆板（没有变化）。

【古板】（思想、作风）固执守旧（没有变化和创新）。

梯 主要凸显形貌属性义、功能属性义和性质属性义。

梯是一种方便人上下的用具，人可以踏着梯子逐级上升。在比喻造词中，"梯"凸显的形貌属性义与其逐级上升的形貌特征有关，比如楼梯、梯田、人梯。"梯"凸显功能属性义与方便上下的功能特征有关，比如天梯。"梯"凸显的性质属性义与梯子逐级上升的属性特征相关，体现的是人们对其内在属性特征的一种认识和评价。比如，在"梯队""梯次""梯度"中，"梯"凸显的就是性质属性义"按一定顺序依次排列的"。

【梯田】沿着山坡开辟的一级一级的农田，形状像楼梯。

【梯级】②在河流上分段拦河筑坝，使水位呈阶梯状。

【梯河】在较大的河流的不同地段修筑若干拦河坝，因而水流形成阶梯。

【梯形】只有一组对边平行的四边形。

【人梯】一个人接一个人踩着肩膀向高处攀登。

【楼梯】架设在楼房的两层之间供人上下的设备，形状像台阶。

【电梯】多层、高层建筑物中用电作动力的升降机，用来载人或载物。

【梯队】军队战斗或行军时，按任务和行动顺序区分为几个部分，每部分叫作一个梯队。

【梯度】③按照一定次序分出的层次。

【梯次】按照一定次序分成的级或批。

囊 主要凸显功能属性义。

囊的具体功能是"装东西的口袋"，在比喻造词中，"囊"凸显的功能属性义并非与其具体功能特征相关，而是由具体功能特征抽象概括而成的，是更为抽象的功能特征，即"起容纳作用的事物"，比如胶囊、胆囊、毛囊、气囊、智囊、子囊、囊肿。

【胶囊】医药上指用明胶制成的囊状物。（里面包藏小的药物颗粒）

【胆囊】储存胆汁的囊状器官。

【毛囊】包裹在毛发根部的囊。

【气囊】鸟类呼吸器官的一部分，是由薄膜构成的许多小囊。

【油囊】一种供水路运输或储藏石油等液体货物的软性容器。

【智囊】比喻计谋多的人，特指为别人划策的人（脑子里面藏有很多计谋）。

【子囊】某些植物体内藏孢子的器官。

【囊肿】良性肿瘤的一种，多呈球形，有包膜，内有液体或半固体物质。

门 主要凸显功能属性义。

门是房子、院子或车船等的出入口，以及可以控制进出的开关装置。在比喻造词中，"门"凸显的功能属性义由具体功能特征抽象概括而成，是更为抽象的功能特征，即"起控制通行作用的事物"，比如球门、贲门、电门、油门、阀门、闸门、肛门、快门。此外，"门"在窍门、有门儿、没门儿、摸门儿中凸显的功能属性义更为抽象，即"使事情顺利进行的解决问题的办法"。

【球门】足球、冰球等运动中在球场两端设置的像门框的架子，是射球的目标。

【贲门】胃与食管相连的部分，是胃上端的口儿。

【电门】电源开关。

【油门】内燃机上调节燃料供给量的装置，

【阀门】管道或机器中调节控制流体流量、压力和方向的装置。

【闸门】水闸或管道上调节流量的门。

【肛门】直肠末端的口儿。

【快门】照相机中控制曝光时间的装置。

【窍门】能解决困难问题的好方法。

【有门儿】得到诀窍；有希望。

【没门儿】①没有门路；没有办法。②表示不可能。

【摸门儿】比喻初步找到做某件事情的方法。

床 主要凸显功能属性义。

床的具体功能是"供人躺在上面睡觉的家具"，在比喻造词中，"床"凸显的功能属性义并非与其具体功能特征相关，而是由具体功能特征抽象概括而成的，是更为抽象的功能特征，即"起承载作用的平面"，比如河床、苗床、牙床、温床、矿床、机床。

【河床】河流两岸之间容水的部分。

【苗床】培育作物幼苗的场所。

【温床】①冬季或早春培育蔬菜、花卉等幼苗的苗床。②比喻对坏人、坏事、坏思想有利的环境。

【牙床】齿龈的通称（牙齿长在牙床上）。

【矿床】地壳里矿物的集合体（矿床里含有各种矿物）。

【机床】用来制造机器和机械的设备。

【车床】金属切削机床。

柄 主要凸显功能属性义。

柄是器物上便于用手拿的部分。在比喻造词中，"柄"凸显的功能属性义"可以起到控制或影响作用的事物"，与其便于用手拿、用手控制的功能特征有关，比如叶柄、话柄、谈柄、笑柄、权柄、国柄。

【叶柄】叶子的组成部分之一，连接叶片和茎，长条形。

【话柄】被人拿来做谈笑资料的言论或行为。

【谈柄】被人拿来做谈笑资料的言行。

【笑柄】可以拿来取笑的资料。

【权柄】所掌握的权力。

【国柄】国家大权。

带 主要凸显形貌属性义。

带即带子,是用皮、布等做成的窄而长的条状物,用来捆绑衣物。在比喻造词中,"带"凸显的形貌属性义与其窄而长的条状物形貌特征有关,比如带鱼、海带、磁带、林带、脐带、韧带、声带、白带、地带、寒带、隔离带。

【带鱼】鱼,体长侧扁,形状像带子。

【海带】藻类的一种,生长在海底的岩石上,形状像带子。

【林带】为了防风、防沙等培植的带状树林。

【磁带】涂有氧化铁粉等磁性物质的塑料带子。

【脐带】连接胎儿与胎盘的带状物。

【韧带】白色带状的结缔组织,能把骨骼连接在一起,并能固定某些脏器如肝、脾等的位置。

【声带】发音器官的主要部分,是两片带状的纤维薄膜,肺内呼出气流振动声带,即发出声音。

【地带】具有某种性质或范围的一片地方。

【寒带】极圈以内的地带。

【隔离带】起隔离作用的地带。

棒 主要凸显形貌属性义。

棒即木棍,长形,较粗。在比喻造词中,"棒"凸显的形貌属性义与其长形、较粗的形貌特征有关,比如棒针、棒冰、电棒、指挥棒。

【棒冰】冰棍儿(长条形)。

【棒针】一种编织毛线衣物的用具,长形,较粗,多用竹子削制而成。

【电棒】手电筒。

【蒲棒】香蒲的花穗,黄褐色,形状像棒子。

【指挥棒】乐队指挥、交通警等指挥用的小棒。

饼 主要凸显形貌属性义。

饼是一种烙熟、烤熟、蒸熟的面食,形状大多扁而圆。在比喻造词中,"饼"凸显的形貌属性义与其扁而圆的形貌特征有关,比如柿饼、豆饼、棉饼、铁饼。

【柿饼】用柿子制成的饼状食品。

【豆饼】大豆榨油后剩下的压成饼状的渣滓。

【棉饼】棉籽榨油后剩下的压成饼状的渣滓。

【铁饼】田径运动使用的投掷器械之一，形状扁而圆。

笔 主要凸显性质属性义、形貌属性义。

笔是一种书写画图的用具。在比喻造词中，"笔"凸显的性质属性义与其直立的性质特征有关，比如笔直、笔挺、笔立。"笔"凸显的形貌属性义与其形貌特征有关，比如录音笔、电笔。

【笔挺】立得很直。

【笔直】很直。

【笔立】直立。

【电笔】试电笔，外形像笔。

【录音笔】一种外形像笔的小型录音设备。

第七节 指人类名词的比喻造词

人们对世界的认识，既包括对自然界的认识，也包括对自身及其所处社会的认识，还包括对虚拟世界的认识。人们为新事物命名时，常常会由新事物联想到某类现实或虚拟人群的属性特征。因此，指人类名词参与比喻造词在很多语言中都较为常见。

参与比喻造词的指人类名词一般都是人们生活中比较熟悉的、具有鲜明属性特征的事物。汉语中，指人类名词构成的比喻式复合词数量较多。汉语比喻造词中，构词数量较多的常见指人类名词主要有人、子、母、鬼、神、魔、妖、贼、童、王、友、童等。指人类名词主要凸显的是性质属性义和动态属性义。

一、指人类名词属性义的特点

比喻造词中，指人类名词属性义凸显的特点是：除名词"人"以外，指人类名词都以性质属性义为唯一或绝对强势属性义。这应该是因为人们对指人类名词所指称事物的关注往往在于其性质特征，尤其是社会属性特征，如社会地位的高低、社会评价的好坏以及社会关系等。其中，唯一的例外是名词"人"。在比喻造词中"人"凸显的是形貌属性义，这说明人们对自身的典型形貌特征还是较为关注的。

二、常见指人类名词的比喻造词

汉语比喻造词中，构词数量较多的常见指人类名词主要有以下八个。

鬼 主要凸显性质属性义。

鬼是迷信的人所说的人死后的灵魂。在比喻造词中，"鬼"凸显的性质属性义与人们对鬼的负面评价相关。在中国人看来，鬼是一种做事不正大光明、经常会做坏事的东西，因此由"鬼"构成的词语大多含贬义，比如馋鬼、饿鬼、胆小鬼、色鬼、鬼话、鬼混、鬼点子等。

【馋鬼】指嘴馋贪吃的人。

【饿鬼】指很饿时大口吃东西的人。

【胆小鬼】胆量小的人。

【替死鬼】比喻代人受过或受害的人。

【烟鬼】讥称吸鸦片成瘾的人。也指吸烟瘾头很大的人。

【醉鬼】指经常喝醉了酒的人。

【冒失鬼】做事莽撞的人。

【色鬼】指贪色成性的人。

【死鬼】鬼（多用于骂人或开玩笑）。

【洋鬼子】指经常喝醉了酒的人（含厌恶意）。

【鬼话】不真实的话。

【鬼点子】坏主意；巧妙的或古怪的主意。

【鬼混】①糊里糊涂地生活。②过不正当的生活。

【鬼哭狼嚎】形容大声哭叫，声音凄厉（含贬义）。

【搞鬼】暗中使用诡计或做手脚。

神 主要凸显性质属性义。

在迷信的人看来，神指的是神仙或是能力、德行高超的人物死后的精灵。在比喻造词中，"神"凸显的性质属性义与人们对神的评价相关。在中国人看来，神是具有超人能力的虚拟人，让人很难琢磨，且经常做出让人惊奇的事情，因此"神"凸显的性质属性义为"程度极高、令人不可思议的"。由"神"构成的词语大多为褒义词，比如神人、神童、神速、神似、神效、神聊、神机妙算等。

【神汉】指男巫师。

【神婆】指女巫师。

【神人】仪表不凡的人。

【神童】指特别聪明的儿童。

【神速】速度快得惊人。

【神似】精神实质上相似；极相似。

【神威】神奇的威力。

【神效】惊人的效果。

【神勇】形容人非常勇猛。

【神聊】漫无边际地闲聊。

【神机妙算】惊人的机智，巧妙的谋划，形容有预见性，善于估计客观形势，决定策略。

【神出鬼没】比喻变化巧妙迅速，或一会儿出现、一会儿隐没，不容易琢磨。

子 主要凸显性质属性义。

子在古代指儿女，现在专指儿子。在比喻造词中，"子"凸显的性质属性义与其作为人类直系后代的性质有关，主要包括三种：在"蚕子、鸡子、鱼子、莲子"中，"子"凸显的性质属性义为"作为生物体直系后代的事物"；在"子兽、子畜、子鸡、子鱼、子猪"中，"子"凸显的性质属性义为"幼小的"；在"子城、子堤、子法、子公司、子金、子目"中，"子"凸显的性质属性义由直系后代性质抽象而成，即"附属于某物或由某物衍生出来的"。

【蚕子】蚕蛾的卵。

【鸡子】鸡蛋。

【莲子】莲的种子。

【鱼子】鱼的卵。

【子兽】初生的幼兽。

【子畜】幼小的牲畜。

【子鸡】刚孵化出来的小鸡。

【子鱼】刚孵化出来的小鱼。

【子猪】初生的小猪。

【子城】旧时指大城所附的小城,如瓮城。

【子堤】指附属于大堤的小堤。

【子法】根据宪法制定的普通法(跟"母法"相对)。

【子公司】具有独立法人资格,被另一公司控股的公司(跟"母公司"相对)。

【子金】利息(由本金滋衍出的钱)。

【子目】细目(附属于大项目的小项目)。

母 主要凸显性质属性义。

母即母亲。在比喻造词中,"母"凸显的性质属性义与其作为繁衍人类后代的性质有关,主要包括两种:在"母蜂、母畜、母树、母株"中,"母"凸显的性质属性义为"能繁衍生物体后代的";在"母带、母法、母金、母机、母公司、母音、母校、母线、航母、酵母"中,"子"凸显的性质属性义由繁衍后代性质抽象而成,即"能衍生出某物或被某物衍生出的"。

【母蜂】雌蜂,通常指能生出小蜂的雌蜂。

【母畜】雌性牲畜,通常指能生出小牲畜的雌性牲畜。

【母树】迹地上保留的采种用的树木。

【母株】迹地上保留的采种用的植株。

【母带】原始的录音带、录像带;可供翻录的录音带、录像带。

【母法】①指基本法。②一国的立法如源于或模仿外国的法律,则称该外国法律为母法。

【母公司】具有独立法人资格,对别的公司进行控股的公司。

【母金】本金(可以带来利息)。

【母校】称本人曾经在那里毕业或学习过的学校。

【母质】某种物质由另一种物质生成，后者就是前者的母质。

【航母】作为海军飞机海上活动基地的大型军舰。

【酵母】酵母菌的简称（可以让面团等发酵、膨胀）。

魔 凸显性质属性义。

魔即魔鬼，是宗教或神话中那些迷惑人、害人性命的鬼怪。在中国人看来，魔鬼善于伪装，变化莫测，能迷惑人，也能害人性命，很邪恶。在比喻造词中，"魔"凸显的性质属性义与人们对魔的这种评价相关，"魔"构成的词语大多含贬义。比如在"病魔、色魔、睡魔"等词中，"魔"凸显的性质属性义为"无法控制的、能给人带来灾难的事物"。在"魔方、魔力、魔术、魔怔"中，"魔"凸显的性质属性义为"变化莫测，使人沉迷的"。

【病魔】比喻疾病（多指长期重病）。

【色魔】指贪色并以凶残的暴力手段对女性进行性侵犯的坏人。

【睡魔】比喻强烈的、无法控制的睡意。

【魔方】一种智力玩具，是一种可以变换拼装的正方体。

【魔力】使人爱好、沉迷的吸引力。

【魔术】杂技的一种，以迅速敏捷的技巧或特殊装置把实在的动作掩盖起来，使观众感觉到物体忽有忽无，变化莫测。

【魔怔】举动异常，像有精神病一样。

妖 凸显性质属性义。

妖即妖怪，指神话中形状奇怪可怕、有妖术、会害人的精灵。在中国人看来，妖怪善于伪装，能迷惑人，也能害人性命，比较邪恶。在比喻造词中，"妖"凸显的性质属性义与人们对妖的这种评价相关，"妖"构成的词语大多含贬义。"妖言、妖人、妖术"中的"妖"，凸显的性质属性义为"能害人、迷惑人的"。在"妖媚、妖艳、妖冶、人妖"中，"妖"凸显的性质属性义为"不正派、邪恶的"。

【妖言】迷惑人的邪说。

【妖人】能害人、迷惑人的人。

【妖术】能害人或迷惑人的技艺或策略。

【妖媚】姣美而不正派。

【妖艳】艳丽而不庄重。

【妖冶】美丽而不正派。

【人妖】指生理变态的人，特指一些国家中男人经变性手术等表现出女性形体的人（含蔑视）。

贼 凸显性质属性义。

贼即偷东西的人。中国人认为，贼偷偷做坏事，不正派，也很狡猾，会给他人带来危害。在比喻造词中，"贼"凸显的性质属性义为"不正派的"，即与人们的这种认识和评价相关，因此"贼"构成的词语大多含贬义。

【贼眼】神情不正派的眼睛。

【贼心】邪心（不好的心）。

【贼星】流星的俗称（据说会给人带来灾难）。

【贼风】指从檐下或门窗缝隙中钻进的风。

【贼眉鼠眼】形容神情鬼鬼祟祟（像要偷偷做坏事的样子）。

【贼头贼脑】形容举动鬼鬼祟祟（像要偷偷做坏事的样子）。

【乌贼】软体动物，体内有囊状物能分泌黑色液体，遇到危险时放出，以掩护自己逃跑。

人 凸显形貌属性义。

"人"是指人类名词中唯一凸显形貌属性义的名词。在"人参、人鱼、面人、糖人、雪人、机器人"中，"人"凸显的属性义"样子像人的"，即与人类的典型形貌特征有关，这些事物的外形都略像人形。

【人参】草本植物，主根肥大，圆柱状（略像人形）。

【人鱼】海洋哺乳动物，全身黑褐色，无毛，头圆，眼小（略像人形）。

【面人】用染色的糯米面捏成的人物像。

【糖人】用稀糖吹成的人物、鸟兽，可以玩，也可以吃。

【雪人】（~儿）用雪堆成的人像。

【机器人】一种自动机械，由计算机控制，具有一定的人工智能，能代替人做某些工作。

小 结

在很多语言中，比喻造词都是一种重要的造词手段。比喻造词是基于事物之间相似性的联想思维的产物，名词凸显的属性义与都人们对事物属性特征的认知相关。汉语中，不同语义类名词凸显的属性义类型以及强势属性义，各有侧重。其中，构件类名词主要凸显位置、形貌和功能属性义，自然物类名词主要凸显性质、形貌、颜色和动态属性义，动物类名词凸显形貌、动态和性质属性义，植物类名词主要凸显形貌、颜色和性质属性义，人工物类名词主要凸显形貌、功能、性质、动态属性义，指人类名词主要凸显性质属性义。可以看出，性质属性义在所有语义类名词中都为强势属性义，形貌属性义在指人类名词之外的其他五类名词中都为强势属性义，位置属性义只在构件类名词中为强势属性义，颜色属性义主要分布在自然物和植物类名词中，动态属性义主要分布在自然物类、动物类、人工物类名词中。

此外，需要指出的是，人类对于事物属性特征的认知有些具有普遍性，有些具有差异性，对于事物之间相似性的联想也会有同有异。一般来说，能引发人们联想的往往是事物典型的、稳定的、具有鲜明特异性的特征。这使得不同语言在比喻造词过程中选择相同的喻体事物成为可能，相似性联想的方向也可能一致。比如，人们普遍认为"金子是一种黄色的贵重金属"，而"金"凸显颜色属性义"黄色的"和性质属性义"具有较高价值的"，在不同语言的比喻造词中均有表现。汉语中有"黄金时代""金点子""金嗓子""金橘""金丝猴"，英语中有 golden time、golden bridge、golden eyes。再如，身体构件名词凸显位置属性义，在很多语言中都有相似的表达（如"山脚"和 foot of a mountain）。当然，相似性联想也具有一定的文化特异性，动物名词的比喻造词在不同语言中即存在较大差异。

第三编
现代汉语同近义词的辨析视角

第九讲　现代汉语指人同义名词的辨析视角
第十讲　现代汉语单双音同义名词的辨析视角
第十一讲　现代汉语同义动词的辨析视角
第十二讲　现代汉语易混虚词的辨析视角

第九讲　现代汉语指人同义名词的辨析视角[①]

第一节　关于指人同义名词

指人同义名词，指的是像爸爸/爹/父亲、老婆/妻子/媳妇、儿童/孩子、歌手/歌星、老师/教师这类同义名词。虽然在词典和教材中，指人同义名词的翻译用词一般都是一样的，但其实它们并不是完全意义上的同义词，而是在某方面存在差异，具有不同的使用价值。了解这些词的差别并正确使用，对母语者来说似乎不是什么难事，对留学生而言却似乎并非易事。比如，他们会写出下面这些句子：

1. 今天兄特别生气，低着头走了。
2. "妻子，稍微等一会儿。"
3. 我国男人的大学升学率在40%~50%左右。
4. 节日时，大人和儿童都很开心。
5. 我小时候住在外祖父和外婆的家。

上面各句中画线词语的使用都是错误的，应该分别改为其同义名词"哥哥""媳妇/老婆""男生/男性""孩子""外公"。

有研究者从《汉语水平词汇与汉字等级大纲》选择近90组指人同义名词作为考察对象，对各组同义词之间的差异进行辨析。研究发现，汉语指人同义名词之间的差异主要表现在三个方面：一是词义差异；二是色彩差异；三是用法差异。

[①] 本讲主要参考文献为：刘春梅. HSK表人同义名词的辨析角度[J]. 湖南师范大学社会科学学报，2006（5）：108-112.

第二节　指人同义名词的词义差异

除表亲属关系的名词外，绝大多数指人同义名词之间都存在意义上的细微差别。这些词义差别主要有以下几种情况：一是所指对象的词义范围不同；二是所指对象的特征限制不同；三是词义轻重不同；四是表意色彩不同（积极/消极）；五是是否有比喻义；六是所指对象为个体还是集合；七是习惯搭配不同。

一、词义的范围不同

比如，职工/职员二词的《现代汉语词典》释义分别为：

【职工】①职员和工人。

【职员】机关、企业、学校、团体里担任行政或业务工作的人员。

从释义可知，前者词义范围较宽，后者词义范围较窄，"职员"属于"职工"的一部分。

再如，学生/学员二词的《现代汉语词典》释义分别为：

【学生】在学校读书的人。

【学员】一般指在高等学校、中学、小学以外的学校或训练班学习的人。

从释义可知，二者语义范围不同，构成互补关系。

比较下面几个句子：

1. 这家工厂有五千名职工。
2. 这家银行/学校/公司有几千名职员。
3. 这所大学有两万多名在校学生。
4. 今天，共有两百多名驾校学员获得了驾驶执照。

二、所指对象的特征不同

比如，徒弟/学生二词的《现代汉语词典》释义分别为：

【徒弟】跟从师傅学习的人。

【学生】①在学校读书的人。②向老师或前辈学习的人。

从释义可知，二词所指对象的特征不同，"徒弟"是学习某种专门劳动技术或技能的人，"学生"则侧重在学校学习专业知识的人。

再如，榜样/模范二词的《现代汉语词典》释义分别为：

【榜样】作为仿效的人或事例（多指好的）。

【模范】②值得学习的、作为榜样的人。

从释义可知，除了词义范围有所不同外，二词所指对象的特征不同。在形成途径上，前者是自然形成、大家公认的，后者常由上级、群众选定或历来为人们所推崇的。

比较下面几个句子：

1. 张师傅是工厂里技术水平最高的，还教了很多好徒弟。
2. 奶奶给孙子当学生，每天学习写汉字。
3. 你是哥哥，要好好学习，给弟弟做个榜样。
4. 每年，国家都会评选各级劳动模范，有全国的，也有北京市的。

三、词义的轻重不同

比如，作家/作者二词的《现代汉语词典》释义分别为：

【作家】从事文学创作有成就的人。

【作者】文章或著作的写作者；艺术作品的创作者。

从释义可知，二者除了词义范围大小不同外，词义轻重不同，"作家"语义更重，更强调成就方面。

再如，歌手/歌星二词的《现代汉语词典》释义分别为：

【歌手】擅长歌唱的人。

【歌星】有名的歌唱演员。

从释义可知，二者除了词义范围大小不同外，词义轻重不同，"歌星"词义更重，所指对象更有名、更成功。

比较下面几个句子：

1. 他是一个很有名的中国作家，写了很多小说。
2. 我想认识一下这篇文章/这幅画的作者。
3. 全国各地很多歌手参加了这次歌唱比赛。
4. 他是个很有名的歌星，粉丝很多，影响力很大。

四、意义倾向不同

指人同义名词的意义倾向可能不同,或一个具有消极意义倾向,另一个具有积极意义倾向;或一个具有明显的消极或积极意义倾向,另一个则没有明显的意义倾向。

比如,典型/榜样二词的《现代汉语词典》释义分别为:

【榜样】作为仿效的人或事例(多指好的)。

【典型】①具有代表性的人物或事件。

在词义方面,二词的差异表现在两个方面,一是所指对象的特征不同,二是词义倾向的不同。首先,"典型"常常是公认的或由上级选定的,"榜样"常常是自然形成的或大家公认的,所指对象的特征不同。其次,"典型"没有明显的意义倾向,既可以指好的,也可以指差的,既可以有反面典型,也可以有先进典型;"榜样"则具有积极意义倾向,只指好的,只能有"好榜样",没有"坏榜样"。

比较下面几个句子:

1. 他是我们公司的先进典型,大家都要向他学习。
2. 有些人虽然知错却从来不改,他就是其中的一个典型。
3. 哥哥很优秀,一直是我学习的榜样。

五、有无比喻义的不同

比如,弟兄/兄弟二词的《现代汉语词典》释义为:

【弟兄】弟弟和哥哥。a)不包括本人。b)包括本人◇支援农民弟兄。

【兄弟】哥哥和弟弟。◇把兄弟、兄弟单位

二词都指具有血缘关系的哥哥和弟弟,也可指没有血缘关系但关系很亲近的两个人。二词的不同在于,可以将某些具有友好密切关系的同类事物比喻成兄弟关系,比如兄弟厂、兄弟地区、兄弟省市、兄弟部队、兄弟单位等;"弟兄"则没有这种用法。

再如,儿女/孩子二词的《现代汉语词典》释义为:

【儿女】①子女。

【孩子】②子女。

从释义来看，二者的所指对象相同，都指父母的孩子。不过，"儿女"有比喻用法，可以比喻一个国家或地区的人民，多指光荣的、优秀的。比如：他被民政部授予"优秀边陲儿女"称号。"孩子"则没有这种比喻义。此外，二词在语体色彩和能否做称呼语方面也存在明显差异。

比较下面几个句子：

1. 她家里有两个兄弟/弟兄，正在上中学。
2. 我有两个朋友，都是我的好兄弟/弟兄。
3. 这些年来，这几个兄弟单位对我们帮助很大。
4. 妈妈一个人把两个儿女/孩子带大，很不容易。
5. 北京市正在举办"中华好儿女"评选活动。

六、指称个体和集合的不同

比如，孩子/儿童二词的《现代汉语词典》释义为：

【孩子】①儿童。

【儿童】较幼小的未成年人（年纪比"少年"小）。

二词的差异表现在"孩子"往往指个体，"儿童"往往指集体，因此这两个词语在搭配上表现出明显的差异，例如：

孩子们、一群孩子、一个孩子、大孩子、小孩子、男孩子、女孩子、好孩子、坏孩子

儿童节、儿童服装、儿童歌曲、儿童读物、儿童乐园、儿童文学。

此外，二词在语体色彩方面也存在差异，"儿童"主要用于书面语，"孩子"则更多用于口语。

七、习惯搭配中的意义差别

有些指人同义名词之间虽然有语义上的细微差别，但实际使用中语义区别并不明显，其差别主要表现在与其他词语的搭配上。

比如，男人/男性/男子三个词的《现代汉语词典》释义为：

【男人】男性的成年人。

【男性】人类两性之一，能在体内产生精细胞。

【男子】男性的人。

从释义来看，三个词的语义差异并不明显。但从其各自不同的习惯搭配中却可以观察到一些细微的语义区别，即"男人"侧重指成年方面，"男性"侧重性别差异方面，与比赛相关时则倾向使用"男子"。比如：
- 男人们、男人和女人、很多男人、几个男人、中国男人
- 男性化、男性特征、男性网民、男性的平均寿命
- 男子双打、男子足球比赛、青年男子组

第三节　指人同义名词的色彩差异

指人同义名词的色彩差异主要表现在四个方面：一是语体色彩差异；二是态度感情色彩差异；三是地域色彩差异；四是形象色彩差异。

一、语体色彩差异

指人同义名词在语体色彩方面的差异可以是口语与书面语的差异，也可以是不同文体色彩的差异。

比如，别人/人家二词的《现代汉语词典》释义为：

【别人】指自己或某人以外的人。

【人家】代①指自己或某人以外的人；别人。

从释义来看，二者词义基本相同。不过，这两个词的语体色彩不同，"别人"通用于口语和书面语，"人家"一般用于口语。

再如，爱人/配偶二词的《现代汉语词典》释义为：

【爱人】①丈夫或妻子。

【配偶】指丈夫或妻子（多用于法律文件）。

从释义可以看出，二者词义基本相同，但在文体色彩方面存在差异。"爱人"可用于任何文体，"配偶"则多用于法律文件。

比较下面几个句子：

1. 这件事，别人都同意，只有他一人反对。
2. 他总是把方便让给别人，把困难留给自己。
3. 人家是人，我也是人，我怎么学不会？

4. 我就要按自己的想法做事，人家/别人说什么，我不管。

5. 《民法通则》规定，当事人的配偶、父母、成年子女享受同等权利。

6. 你就是王兰的爱人吧？我们见过面的。

二、态度感情色彩差异

比如，母亲/妈妈/娘三个词语的《现代汉语词典》释义为：

【母亲】①有子女的女子，是子女的母亲。

【妈妈】①母亲。

【娘】①母亲：爹娘｜亲娘。

从态度感情色彩方面来看，"母亲"更庄重，更显尊敬；"妈妈"和"娘"除了使用人群、地域有所不同以外，其共同点是都比较亲切。

与母亲/妈妈/娘这组同义词类似的，还有父亲/爸爸/爹、祖父/爷爷、外祖父/老爷/外公、祖母/奶奶、外祖母/姥姥/外婆等几组亲属称谓词语。

再如，客人/来宾二词的《现代汉语词典》释义为：

【客人】①被邀请受招待的人；为了交际或事务的目的来探访的人（跟"主人"相对）。

【来宾】来的客人，特指国家、团体邀请的客人。

除语义范围有区别外，二词在态度感情上有所不同。"客人"可用于任何场合，没有明显的态度色彩；"来宾"则含有比较庄重、尊敬的感情色彩，多用于比较正式的场合。

比较下面几个句子：

1. 在国外多年，他一直忘不了母亲/妈妈/娘的话。

2. 黄河是中国的母亲河。

3. 妈妈/娘，你去哪儿了？

4. 我爹我娘都住在山东农村。

5. 客人已经来了，可以开饭了。

6. 各位领导，各位来宾，大家晚上好！

7. 参加活动的来宾，由公司派专人进行接待。

三、地域色彩差异

指人同义名词的地域色彩差异主要表现在亲属称谓同义名词。

比如，妈妈/娘这两个词都指直系亲属中的女性长辈，但"妈妈"更常用，通用于中国的南方和北方、城市和乡村，"娘"则更多用于中国北方的一些乡村地区。与之类似的还有爸爸/爹。

再如，外婆/姥姥二词的《现代汉语词典》释义为：

【外婆】外祖母。

【姥姥】①外祖母。(【外祖母】母亲的母亲。)

二者都指称母亲的母亲。但在中国，二词在使用上有明显的地域差别，南方人多用"外婆"，北方人多用"姥姥"。

与之类似的还有外公/姥爷。

四、形象色彩差异

比如，榜样/模范/旗帜三个词语的《现代汉语词典》释义为：

【榜样】作为仿效的人或事例（多指好的）。

【模范】②值得学习的、作为榜样的人。

【旗帜】②比喻榜样或模范。

三个词语在语义上的共同之处是都指值得学习的（人）。而从形象色彩来看，三词的差别是："旗帜"指值得学习的个人或单位时，是一种比喻用法，带有一定的形象色彩，即让人能感觉到值得学习的人或单位像一面旗子一样，在前面起引领和标志作用。而"榜样"和"模范"则没有这样的形象色彩。比如：刘欢被称为"中国流行乐坛第一人"，是中国流行乐坛的旗帜。此外，三个词语的语义范围和产生途径也存在一些差异。

再如，半边天/妇女二词的《现代汉语词典》释义为：

【半边天】②比喻新社会妇女的巨大力量能顶半边天，也用来指新社会的妇女。

【妇女】成年女子的通称。

两个词语都可以指称成年女性，但"半边天"是一种比喻用法，带有明显的形象色彩，因而常出现在文学作品中；而"妇女"则不带有这种形象色彩。比如：这些女性依靠自己的才干和勇气，已成为家里的"半边天"。

第四节 指人同义名词的用法差异

指人同义名词的用法差异主要表现在四个方面：一是面称与背称的差异；二是职业与称谓的差异；三是能否作称呼语的差异；四是句法结合能力的差异。

一、面称与背称的差异

面称用来当面称呼对方，背称用于背后称呼对方。有些指人同义名词在面称与背称方面存在差异。比如，妻子/太太/夫人/媳妇/老婆/爱人这组词基本意义相同，都指已婚男子的妻子，都可以作背称，但只有"夫人""老婆""媳妇""太太"可以作面称，另外两个词语"妻子""爱人"不可以。

此外，"夫人""老婆"作面称时，还有时代差异、人群差异和使用场合差异。"老婆"作为面称产生时间较晚，"夫人"则产生时间较早；"老婆"多用于年轻群体中，"夫人"则多用于年龄稍长的人群；"老婆"多用于一般场合，语气上较为随便，"夫人"则多用于比较正式的场合。

比较下面几个句子：

1. 太太/夫人，您有何高见？说来听听。
2. 太太/夫人/媳妇/老婆，今天晚上吃什么？
3. 请允许我介绍一下，这是张东的妻子/太太/夫人/爱人。
4. 兄弟们，这是我媳妇/老婆，今天一起来了。

再如，爸爸/爹/父亲这三个词都指直系亲属中的男性长辈。但在作称呼语方面，三者有明显区别，"爸爸"和"爹"多用作面称，"父亲"则一般用作背称。此外，在态度感情色彩方面，三个词语也有差别。"爸爸"和"爹"带有较为亲切的感情色彩，而"父亲"则带有敬重的感情色彩。

二、职业与称谓的差异

有些指人同义名词的概念义基本相同，但一个是职业名称，不能用来称呼对方；另一个则可以作为职业名称，也可以用作称呼语。

比如，教师/教员/老师/先生这四个词语在《现代汉语词典》中的释义基本相同：

【教师】教员。

【教员】担任教学工作的人员。

【老师】尊称传授文化、技术的人，泛指在某方面值得学习的人。

【先生】①老师。

四个词语最重要的差别之一就是"教师""教员"是职业名称，不能作称呼语；而"老师""先生"可以作为职业名称，也可以用作称呼语。用作称呼语时，"老师""先生"既可以作面称，也可以作背称。此外，"教员""先生"两个词带有旧时代色彩。

比较下面几个句子：

1. 见到来人，他快步迎上去，叫了一声"刘老师，好！"
2. 因为工作出色，他被评为学校的优秀教师。
3. 爷爷告诉我，他从没有忘记过当年私塾里教过他的先生。
4. 七十年前，他是学校的历史教员。

三、能否作称呼语的差别

有些指人同义名词的差异表现在是否可作称呼语。

比如，孩子/儿女二词的《现代汉语词典》释义相同，都指子女。它们之间比较重要的一个差别是前者可作称呼语，后者不行。比如，爸爸叫住我说："孩子，我想和你说句话。"

此外，这两个词语的差异还体现在语体色彩和有无比喻用法两个方面。"儿女"比"孩子"更多用于书面语中；"儿女"有比喻用法，而"孩子"没有。

再如，男青年/小伙子二词的词义基本相同，都指男青年。二者的重要差别之一是，"男青年"不能作称呼语，"小伙子"可以作称呼语。比如，老人对我说："小伙子，你别高兴太早！"

与之类似的同义词还有女青年/姑娘。

四、句法结合能力的差异

指人同义名词句法结合能力的差异主要表现在单双音指人同义名词之间。

比如，母/母亲二词的词汇意义相同，色彩上也无差异，而且都有比喻用法，如母校、祖国母亲。二者的差异主要表现在结合能力上："母"常作为一个语素组成词（包括固定短语），比如母子、母女、父母、母性、母爱、贤妻良母、孤儿寡母、母系、母乳等；而"母亲"则既可以组成短语，也可以单独充当句子成分。

比较下面几个句子：

1. 我是喝母乳长大的。
2. 在所有人眼中，她都是一位慈母。
3. 这些都是母亲的东西，怎么处理由她决定。
4. 我母亲每天很忙。

与之类似的同义词还有父/父亲、姐/姐姐、哥/哥哥、妹/妹妹、弟/弟弟。

小　结

可以从三个方面入手观察指人同义名词的差异：一是词汇意义的不同；二是色彩意义的不同；三是用法上的不同。

词汇意义的差异主要表现为指人同义名词词义范围的大小、所指对象的特征差异、词义的轻重、词义的意义倾向、有无比喻义、指称个体还是集合，以及从习惯搭配中观察到的意义差别。

色彩意义的差异主要表现为指人同义名词的语体色彩、态度感情色彩、地域色彩以及形象色彩等四个方面的差异。

用法上的差异主要表现为指人同义名词是面称还是背称、是职业还是称谓、能否作称呼语，以及句法结合能力的差异等四个方面。

此外，汉语的亲属称谓词系统成员众多，且较为复杂，一直是汉语学习中的一大难点。汉语指人同义名词中相当一部分是亲属称谓词，对学习者而言，只有找到正确的观察角度，把握其主要差异点，才能收到事半功倍的学习效果。从本讲内容中可以发现，汉语亲属称谓同义名词的差异主要表现在色彩和用法两个方面。

第十讲　现代汉语单双音同义名词的辨析视角[①]

第一节　关于单双音同义名词

汉语中的很多单音名词可以单独使用，也可以充当某个双音词的构词成分。单音词与由其构成的双音词之间往往具有一定的语义联系，有时词义相关，有时则词义相同或相近。汉语中有不少同义组就是由单音词与其构成的双音词组成的。单音词与双音词之间往往在某个方面存在差异，有时是词义差异，有时是色彩差异，有时是搭配组合方面的差异。

对汉语母语者来说，单双音同义名词之间的差异是一种自然语感。对留学生而言，了解和掌握单双音同义词之间的差异并正确使用，却似乎并不容易。比如下面几个留学生写出的句子：

1. 六月一号是儿童节日。
2. 心脏病是最危险的病之一。
3. 现在，全国家的交通情况差不多。
4. 这个城市紧挨着海洋。
5. 天上有漂亮的月，很美。

上面各句中画线词语的使用都是错误的，应分别换成相应的单音或双音同义词，即"节""疾病""国""海""月亮"。虽然在学习词典和教材中，节/节日、病/疾病、国/国家、海/海洋、月/月亮的翻译用词都是一样的，各词之间却存在明显差异，留学生用错的原因就在于对单双音同义词之间的差

[①] 本讲主要参考文献为：刘春梅. 现代汉语单双音同义名词的主要差异[J]. 华中师范大学学报（人文社会科学版），2006（1）：128-132.

异了解不够。

汉语中单双音同义名词数量不少,据统计,《汉语水平词汇与汉字等级大纲》和《汉语8000词词典》中共有180多组单双音同义名词。这些单双音名词同义组之间往往具有一些共性差异。汉语单双音同义名词的共性差异主要表现在三个方面:一是词义差异;二是色彩差异;三是搭配组合差异。

第二节 单双音同义名词的词义差异

从词义方面来看,现代汉语单双音同义词的差异主要表现在三个方面:一是所指对象是个体还是集合;二是所指对象范围的大小;三是词义是否有比喻用法。

一、所指对象为个体还是集合

这类单双音同义词的差异在于:一个是个体概念,指称个体;另一个是集合概念,指称集合。

比如:纸/纸张二词的《现代汉语词典》释义为:

【纸】①写字、绘画、印刷、包装等所用的东西,多用植物纤维制造。

【纸张】纸(总称)。

从释义中可以看出,"纸张"是纸的总称,是集合概念。相应地,"纸"则是个体概念,因此可以说"一张纸",但不能说"一张纸张"。汉语中,与"纸张"用在一起的数量词都需要能表达集合概念,比如"一些纸张""一批纸张""这种纸张"等。不过,需要说明的是,汉语中表达个体概念的名词,实际上既可以指称个体,也可以指称个体的集合。比如,在"一张纸"中"纸"是个体概念,指称的是个体;而在"纸做的船"中"纸"是集合概念,泛指所有的纸。

与纸/纸张类似的同义词还有病/疾病、车/车辆、船/船只、词/词汇、岛/岛屿、花/花朵、诗/诗歌、书/书籍/书本、树/树木等。这类同义词中,双音词都是集合概念,单音词都是个体概念。比如下面的句子:

1. 听说他得了一种奇怪的病。(病/疾病)

2. 大街上，经常能见到各种车/车辆来来往往。(车/车辆)

3. 这个词我是第一次见到。(词/词汇)

4. 我最喜欢的不是小说，而是诗歌。(诗/诗歌)

5. 我看见前面那条船上有很多人在招手。(船/船只)

6. 海洋上的不只有船，还有各种各样的岛屿。(岛/岛屿)

7. 生活中的很多知识，是书/书本上没有的。(书/书本)

8. 这朵花真漂亮！(花/花朵)

9. 孩子们的笑脸，像花/花朵一样美丽。(花/花朵)

10. 她家房子周围到处都是树/树木。(树/树木)

二、所指对象范围的大小

有些单双音同义名词所指对象的范围大小不同。

比如，药/药品二词的《现代汉语词典》释义为：

【药】①药物。

【药品】药物和化学试剂的总称。

从释义可以看出，"药品"包括药物和化学试剂，因此"药品"所指对象的范围比"药"大。

再如，分/分钟两个词的词义并不完全相同。"分"既可指时点，又可指时段，因此可以说"现在4点50分"（时点），也可以说"他跑1 000米用了3分28秒"（时段）。但是，"分钟"只能指时段，表示一段时间，比如"请你等五分钟""他的心率为每分钟70次"。因此，"分"所指对象的范围大，"分钟"所指对象的范围小。

比较下面的句子：

1. 你病了就应该吃药。

2. 听说医院新进了一些药品。

3. 离考试还有十分钟。

4. 现在差五分/分钟八点。

5. 他跑1000米，用了12分30秒？

汉语中，像药/药品、分/分钟这样词义范围不同的单双音同义名词还有：报/报刊、财/财产、床/床铺、饭/米饭、子/孩子、海/海洋、河/河流画/图画、灰/灰尘、会/会议、假/假期、礼/典礼、利/利息、炮/鞭炮、皮/皮肤、式/式样、戏/戏剧、烟/烟雾、雾/烟雾、表/钟表、钟/钟表

不过，需要说明的是，汉语单双音同义名词中，有些单音词的词义范围更大，有些双音词词义范围更大。根据这种差异，可以把上面的同义名词分成两组。

第一组：双音词的词义范围大于单音词。

"报/报刊"中，"报刊"是报纸和期刊的总称，词义范围更大。

"财/财产"中，"财产"是钱财和产业的总称，词义范围更大。

"床/床铺"中，"床铺"是床和铺的总称，词义范围更大。

"海/海洋"中，"海洋"是海和洋的统称，词义范围更大。

"灰/灰尘"中，"灰尘"是灰和尘的总称，"灰"指燃烧后的粉末，因此，"灰尘"的词义范围更大。

"子/孩子"中，"子"指儿子，"孩子"则包括儿子和女儿，因此，"孩子"的词义范围更大。

"礼/典礼"中，"礼"指社会生活中由于风俗习惯而形成的为大家共同遵守的仪式，如婚礼、葬礼。"典礼"指郑重举行的仪式，如开幕典礼、结婚典礼、毕业典礼等，不一定与风俗习惯有关。因此，"典礼"的词义范围更大。

"烟/烟雾""雾/烟雾"中，"烟雾"泛指烟、雾、云、气等，因此，"烟雾"的词义范围更大。

"表/钟表""钟/钟表"中，"钟表"是钟和表的总称，因此，"钟表"的词义范围更大。

第二组：单音词的词义范围大于双音词。

"饭/米饭"中，"饭"是总称，包括"米饭"，因此，"饭"的词义范围更大。

"河/河流"中，"河流"指较大的天然水流，"河"指天然或人工的大水道，因此，"河"的词义范围更大。

"会/会议"中，"会议"指有组织有领导的商议事情的集会，"会"指有一定目的的集会（不一定商议事情），因此，"会"的词义范围更大。

"假/假期"中，"假期"指放假或休假的时期，"假"指不学习或工作的

时间。因此,"假"的词义范围更大,可以说"病假""事假",不能说"病假期""事假期"。

"利/利息"中,"利息"只指钱的方面,"利"可以指利益和利息,因此,"利"的词义范围更大。

"炮/鞭炮"中,"炮"可以指鞭炮,也可以指发射炮弹的射击武器,因此,"炮"的词义范围更大。

"皮/皮肤"中,"皮肤"只指人和动物的表皮,"皮"可以指人、动物、植物和其他事物的表皮,比如可以说"香蕉皮""饺子皮"等。因此,"皮"的词义范围更大。

"式/式样"中,"式"可以指典礼的形式,比如"毕业式""开幕式";也可以指式样,比如"中式""西式"。"式样"不包括典礼的形式。因此,"式"的词义范围更大。

三、词义是否有比喻用法

一些单双音同义名词中,其中一个有比喻用法,另一个(或几个)没有比喻用法。

比如春/春季/春天,其中"春天"有比喻用法,其他两词没有。"春天"在《现代汉语词典》中的释义为:

【春天】春季。◇迎来科学发展的春天(这里用"春天"来比喻科学发展的好时机)。

再如花/花朵,独立使用时,"花朵"有比喻用法,"花"则没有。"花朵"在《现代汉语词典》中的释义为:

【花朵】花①(总称):这株牡丹的花朵特别大。◇儿童是祖国的花朵(这里用"花朵"来比喻国家的幸福和希望)。

不过需要注意的是,汉语中"花"虽然没有比喻用法,但可以参与比喻造词,比如"校花""雪花""火花"等。

与上面两组同义词类似的还有墙/墙壁、剧/戏剧、路/道路、声/声音、味/味道、债/债务等。关于这些同义词具体说明如下:

"墙/墙壁"中,"墙"有比喻用法,比如"一道人墙"。

"肩/肩膀"中,"肩膀"有比喻用法,可以说"这个人肩膀硬"(比喻能担负重大责任)。

"剧/戏剧"中,"剧"有比喻用法,可以说"生活惨剧""现实丑剧"。

"路/道路"中,"道路"有比喻用法,独立使用时可以说"人生道路""社会主义道路"。"路"独立使用时,一般没有比喻用法,但可以参与比喻造词,比如"笔路""财路""电路""棋路""球路""思路"等。

"声/声音"中,"声音"有比喻用法,独立使用时可以说"这家报纸常常能反映群众的声音"(这里"声音"比喻群众的想法、意见和要求等)。"声"独立使用时,一般没有比喻用法,但可以参与比喻造词,比如"心声"等。

"债/债务"中,"债"有比喻用法,独立使用时可以说"儿女就是我的债"(这里用"债"比喻必须负担的责任);"债"也参与比喻造词,比如"笔债""情债""血债"等。

第三节　单双音同义名词的色彩差异

汉语单双音同义名词之间色彩的差异主要表现在语体色彩方面,少量为感情色彩差异,没有形象或地域色彩方面的差异。

一、所指对象的语体色彩不同

比如,桥/桥梁二词的《现代汉语词典》释义为:

【桥】①桥梁①:一座桥｜木桥｜石桥｜铁桥。

【桥梁】①架在水面上或空中以便行人、车辆等运行的构筑物。

从释义来看,"桥/桥梁"的词义基本相同,差异主要表现在语体色彩和结合能力上。从语体色彩来看,"桥"通用于口语和书面语,"桥梁"则一般用于书面语。从结合能力来看,"桥"往往与单音词结合,比如"大桥""新桥""铁桥""木桥";"桥梁"往往与双音词结合,比如"大型桥梁""新建桥梁""木质桥梁""现代桥梁"。

比较下面的句子:

1. 过了桥再走五分钟,就能看到我家了。

2. 按照设计，大桥每天可通行车辆 36 000 辆。

3. 这几年，这座城市新建了几十座大中型桥梁。

4. 这座桥全长 3 608 米，为目前我国最大跨径的悬索桥。

此类同义名词，还有：

伴/同伴、包/包裹、宝/宝贝、报/报纸、墙/墙壁、病/疾病、才/才能、财/财产

车/车辆、仇/仇恨、船/船舶/船只、窗/窗户、春/春季/春天、错/错误、胆/胆量

岛/岛屿、店/商店、店/旅店、冬/冬季/冬天、费/费用、坟/坟墓、稿/稿件、歌/歌曲

骨/骨头、官/官员、光/光线、国/国家、河/河流、祸/祸害、集/集市、客/客人

路/路程、命/命运、炮/鞭炮、皮/皮肤、秋/秋季/秋天、事/事故、书/书籍、树/树木

土/泥土、尾/尾巴、味/味道、夏/夏季/夏天、心/心脏、星/星星、液/液体

药/药物/药品、月/月亮/月球、云/云彩、债/债务、纸/纸张、庄/村庄、座儿/座位

上述这些单双音同义名词的词义基本相同，差异主要表现在语体色彩和结合能力上。从语体色彩上看，单音词一般通用于口语和书面语，双音词则一般用于书面语。从结合能力来看，单音词往往倾向于与单音词结合，双音词倾向于与双音词结合。

二、所指对象的感情色彩不同

汉语中，不少单双音同义名词是由 "－儿" 和 "－子" 构成的。这些同义名词所指对象的感情色彩往往存在差异。其中，"－儿" 构成的词语往往带有一种喜爱的感情，使人感觉所指对象比较小巧，而 "－子" 则不带有这种感情色彩。

比如，个儿/个子二词的《现代汉语词典》释义为：

【个儿】身体或物体的大小：他是个大个儿｜这种苹果个儿不小。

【个子】指人的身材，也指动物身体的大小：高个子｜这只猫个子大。

从释义来看，"个儿/个子"的词义范围大小不同，其中"个儿"的词义范围大，"个子"的词义范围小。从感情色彩来看，同样说人的身体时，"个儿"带有一种喜爱的色彩，"个子"没有这种色彩。

汉语中，这类同义名词的数量较多，比如胆（儿）/胆子、刀（儿）/刀子、点（儿）/点子、稿（儿）/稿子、牌（儿）/牌子、盘（儿）/盘子、瓶（儿）/瓶子、院（儿）/院子、种（儿）/种子。

另外，也有一些同义名词由"X+儿"和一个双音名词构成，比如"座儿/座位"。其中"X+儿"类名词更口语化，同时带有一种表示喜爱的感情色彩，也就是说，"座儿"比"座位"更口语化。

比较下面的句子：

1. 这是我的<u>座儿</u>，你不能坐这儿！
2. 没找到<u>座位</u>的同学，请跟我来！
3. 这<u>座儿</u>不错，我要了！
4. 请大家留在自己的<u>座位</u>上，先不要离开！

第四节　单双音同义名词的搭配组合差异

一、与量词组合的差异

一般来说，单双音同义名词与量词组合时是否有差异，往往与其词义相关。如果两个词语在词义上没有差异，那么与量词搭配时也没有差异；如果语义上存在差异，与量词搭配时也存在差异。比如"桥/桥梁"，词义完全相同，与量词组合时不存在差异，都可使用量词"座"，即"这座桥/这座桥梁""这几座桥/这几座桥梁"都是正确的。

而"花/花朵"，因为词义上有个体和集合的区别，与量词组合时也是不同的。"花"能跟"株""枝""朵"等个体量词组合，也能跟集合量词"束"组合，构成"一株花""一枝花""一朵花""一束花"。但是"花朵"不能跟这些量词组合。

第十讲　现代汉语单双音同义名词的辨析视角

"树/树木"与"花/花朵"类似，在与量词组合时存在差异。"树"可以与"棵""株"组合为"一棵树""一株树"，"树木"不能与这两个量词组合。其他类似的同义名词还有车/车辆、包/包裹、墙/墙壁、船/船只、剧/戏剧、祸/祸害、事/事故、戏/戏剧、纸/纸张等。

二、结合能力强弱的差异

例如，岛/岛屿的《现代汉语词典》释义为：

【岛】海洋里被水环绕、面积比大陆小的陆地。也指湖里、江河里被水环绕的陆地。

【岛屿】岛（总称）。

二者在词义上有个体与集合的差异；在语体色彩上，"岛屿"比"岛"更具书面色彩。在组合能力上也存在差别，"岛"可以作为词独立使用，也可以充当构词语素，比如海南岛、荒岛、宝岛、孤岛、岛国、海岛；"岛屿"则一般不充当构词语素。

研究发现，汉语中几乎所有的单双音同义名词都具有这方面的差别。

三、与其他词搭配时的音节限制差异

研究发现，汉语中几乎所有的单双音同义名词之间都存在一种音节限制上的差异，即单音词倾向于与单音词搭配，双音词倾向于与双音词搭配。单音词一般不直接与双音节词组合，而总会先和另一个单音成分组成一个双音节词，再去与其他双音节词组合。

比如国/国家，其中，"国"可以与其他单音词或单音成分组合，构成双音词或双音短语，比如我国、爱国、出国、治国、强国、美国、一国两制、西方七国。这些词或短语中的"国"都不能换成"国家"。相应地，"国家"需要与其他双音词或双音成分组合，构成四音节短语，比如我们国家、咱们国家、任何国家、一个国家、发达国家、治理国家、国家计划、国家问题。这些短语中的"国家"也不能换成"国"。

再如节/节日，其中，"节"可以与其他单音词或单音成分组合，构成双音词或双音短语，比如过节、佳节、节前、节后、节礼。如果将这些词或短语中的"节"换成"节日"，就都是错的。相应地，"节日"需要与其他双音词或双音成分组合,构成四音节短语,比如祝贺节日、节日快乐、节日前夕、节日问候、节日气氛。如果将这些短语中的"节日"换成"节",也都是错的。

小　结

总而言之,可以从三个方面入手观察单双音同义名词的差异:一是词汇意义的不同;二是色彩意义的不同;三是搭配组合能力的不同。

词汇意义的差异主要表现为:名词为个体还是集合名词;名词的词义范围大小不同;名词有没有比喻用法。

色彩的差异主要表现为:名词的语体色彩不同,即名词主要用于书面语还是口语;名词的感情色彩不同。

搭配组合的差异主要表现为:名词可能接受不同量词的修饰;名词的结合能力强弱不同;名词组合时受到的音节数量限制不同。

对单双音同义名词而言,适用范围最广、最具普遍性的差异主要有两个:一是语体色彩的差异。很多单双音同义名词,一个书面性较强,另一个口语性较强,在适用语体上分工明确。二是名词组合时受到的音节数量限制不同。一般来说,单音名词倾向于与单音成分组合,双音名词倾向于与双音成分组合,二者在组合分布上形成互补。

第十一讲　现代汉语同义动词的辨析视角[①]

第一节　关于同义动词

汉语中有不少词义相同或相近的动词，从词典释义来看，一般很难看出它们之间的区别。然而，语言中没有完全意义上的同义词，同义词之间一定在某方面存在差异，具有不同的分工，以及不同的使用价值。

比如，"产生/发生/出现"的《现代汉语词典》释义分别为：

【产生】由已有事物中生出来的新事物；出现。

【发生】原来没有的事物出现了；产生。

【出现】先露出来；产生出来。

而实际上，这三个词语在汉语中的使用是存在差异的，见下列例句。

1. 在中国的历史上，产生了许多英雄人物。

2. 他们之间的感情 产生/发生/出现了一些变化。

3. 昨晚 A 市一连 发生了五起交通事故。

4. 当警察意外地出现在他眼前时，他惊呆了。

5. 旧的问题解决了，新的问题又产生/出现了。

6. 发生这样的空难，绝不是偶然的。

7. 我们俩之间从未产生/发生/出现过矛盾。

[①] 本讲主要参考文献为：程娟，许晓华.HSK 单双音同义动词研究［J］.世界汉语教学，2004（4）：43-57；许晓华.HSK 甲乙级动词同义组辨析方式分析与探讨［D］.北京：北京语言大学，2003.

8. 参加会议的代表将由50名候选人中产生。

从上面各例可以发现，"产生/发生/出现"之间存在词义差异。"产生"的词义侧重新的事物由已有事物中显露出来，"发生"的词义侧重原来没有的事显露出来，"出现"的词义侧重新的事物显露出来或原先存在却没被发现的事物显露出来。

这种差异可以从上举各例中三个词语的组合表现看出来。例3、例6中"发生"的宾语为具体的事件，如交通事故、空难。例4中"出现"的事物并非新的事物，只是最初未被发现而已，如警察。例8强调新的事物（代表）由已有事物（候选人）中产生。例1、例5由于语境未强调已有事物，故"出现/产生"皆可用。例2、例7由于关系事项为抽象名词（矛盾、分歧、微妙变化），既可视为事物，又可视为事件，故三词皆可用。

再如，"拣/挑/选"三个词在《现代汉语词典》中的释义用词都是"挑选"。虽然从释义中看不出差别，但把它们置于一定的语境中进行考察，却可以发现三者存在明显差异，见下列例句。

1. 这些东西，实在拣/挑/选不出什么有用的。
2. 买东西当然要拣/挑/选便宜的。
3. 这孩子光拣/挑好听的说。
4. 老太太终于挑/选了个满意的女婿。
5. 他被国家京剧团选中了。
6. 你陪我去挑/选件衣服吧。

实际上，这三个词在语法组合、语体色彩和词义方面都存在差异。从组合方面来看，三个词的共同点是都能搭配"的"字结构，如例1、例2，此时三个词可以互相替换。但在组合方面，三个词的差异也很明显。其中，"拣"只能搭配"的"字结构或"的"字结构后带中心语，而"挑""选"则可直接带宾语，所以例4、例5不能换成"拣"。从语体色彩来看，"选"更具有书面语色彩，如例5，这也体现在"选"能与其他词组成较正式的书面语词，如"选拔""选派"等。"拣/挑"则多为口语词。从词义角度来看，三个词的差异是："拣"的关系对象为事物，"挑/选"的关系对象为人或事物。此外，有时"拣/挑"含贬义色彩，如"东挑西拣""挑肥拣瘦"；而"选"则为中性词。

据统计，《汉语水平词汇与汉字等级大纲》收录的甲乙级动词中约有180组动词同义组。这些同义动词之间的差异主要体现在两个方面：一是词义差异；二是句法特征方面的差异。此外，部分同义动词在语体色彩方面存在差异。

第二节 同义动词的词义差异

汉语同义动词的词义差异主要表现在三个方面：一是动作行为的主体差异；二是动作行为的关系对象或关系事项的差异；三是动作行为本身的差异。

一、动作行为的主体差异

同义动词动作行为主体的差异主要表现在三个方面：一是主体是人还是事物；二是主体是人、动物还是植物；三是主体是一个人还是很多人。

（一）主体是人还是事物

比如"鼓励/鼓舞"。"鼓励"的动作行为主体一定是人；"鼓舞"的动作行为主体为抽象事物，如事迹、精神等。

1. 遇到困难的时候，朋友常常<u>鼓励</u>我。
2. 参加志愿者活动，使他很受<u>鼓舞</u>。
3. 这个作家的作品，令人<u>鼓舞</u>。
4. 父母的<u>鼓励</u>，对我来说非常重要。

（二）主体是人、动物还是植物

比如"喊/嚷/叫"。"喊/嚷"的动作行为主体一定是人，"叫"的动作行为主体除人以外还可以是某种动物。

1. 昨天晚上，他的狗一只在<u>叫</u>。
2. 你听，老师在<u>叫</u>你的名字。
3. 你别<u>叫/喊/嚷</u>了，他听不见。
4. 听到有人<u>喊</u>"救命"，他马上跑了过去。

与"喊/嚷/叫"类似的还有"生产/产""叫喊/叫""生长/长"。

"生产/产"都有幼体从母体中分离出来的意思。不同之处在于,"产"的行为主体可以是人,也可以是动物,"生产"的行为主体只是人。

"叫喊/叫"都有大声叫的意思。不同之处在于,"叫"的行为主体可以是人,也可以是动物或无生命的事物,比如"鸡叫""汽笛鸣叫"。"叫喊"的行为主体则只能是人。

"生长"动作行为的主体一般为植物,极少为人或动物;"长"动作行为的主体则可以为人、动物或植物。

1. 这种花适合在潮湿的地方生长。
2. 她种的树,长高了。
3. 这个孩子,这几年长得很快。
4. 你看看,我的小狗长胖了。

(三)主体是一个人还是很多人

比如"抬/搬"。"抬"的动作行为主体要求是两个或两个以上的人;"搬"的动作行为的主体无数量限制,可以是一个人,也可以是更多的人。

1. 你把这张桌子搬出去吧。
2. 你们两个人把这张桌子搬/抬出去吧。
3. 你们五个人把这张桌子搬/抬出去吧。

二、动作行为的关系对象或关系事项的差异

同义动词动作行为的关系对象或关系事项主要存在四个方面的差异:第一,关系对象或关系事项是具体事物还是抽象事物;第二,关系对象或关系事项是人、事物还是某种情况;第三,关系对象或关系事项是泛指的还是特指的;第四,关系对象或关系事项是主观方面的还是客观方面的。

(一)关系对象或关系事项是具体事物还是抽象事物

比如"得到/获得"。"得到"的关系对象可以是具体的(如一件礼物),也可以是抽象的(如一个机会);"获得"的关系对象一般是抽象的(如鼓励、机会等)。此外,在词义方面,"获得"一般是通过努力而得到,"得到"则不一定与努力相关。

1. 今年生日时,我得到很多礼物。

2. 这次比赛，他获得了第一名。

3. 他一直努力，希望能获得/得到出国留学的机会。

4. 他今年获得了"全国劳动模范"称号。

与之类似的还有"缺/缺乏""省/节省""等/等待"等。

"缺/缺乏"中，"缺"的关系事项可以是具体的人或事物，也可以是抽象事物，比如"缺人""缺水""缺心眼"；而"缺乏"的关系事项多是抽象事物，比如"缺乏经验""缺乏锻炼"。

"省/节省"中，"省"的关系事项可以是具体事物，也可以是抽象事物，比如"省水""省电""省力"；而"节省"的关系事项多是抽象事物，比如"节省体力""节省开支"。

"等/等待"中，"等"的关系事项可以是具体的人，也可以是抽象事物，比如"等朋友""等机会"；而"等待"的关系事项多是抽象事物，一般不是具体的人，比如"等待时机""等待命运来敲门"。

（二）关系对象或关系事项是人、事物还是某种情况

比如"产生/发生"。"产生"的关系事项一般为人或事物，"发生"的关系事项一般为事件（情况）。

（三）关系对象或关系事项是泛指的还是特指的

比如"创作/创造"。"创造"的关系对象泛指一切新事物，"创作"的关系对象一般特指文艺作品。

1. 他花三年时间创作了一部小说。

2. 这幅画是他们两人一起创作的。

3. 他为朋友创造了一个独立发展的机会。

4. 三个月通过HSK六级，他创造了一个奇迹。

（四）关系对象或关系事项是主观方面的还是客观方面的

比如"克服/战胜"。"克服"的关系对象可以是自己主观上的缺点、错误、毛病，也可以是客观的不利条件，比如困难；"战胜"的关系对象则多是客观的不利条件，比如困难。

1. 这些缺点，我都是可以克服的。

2. 输了几次比赛后，他的心理障碍似乎很难克服了。

3. 这些困难，你是可以克服/战胜的。

三、动作行为本身的差异

同义动词之间动作行为本身的差异表现多种多样，下面列举20种。

（一）动作行为的方式差异

比如"做/造"。"做"多指用手加工原料，"造"指用机械或工具加工原料。

1. 他亲自动手给朋友做了一张生日卡。
2. 这些衣服不是买的，是妈妈给我做的。
3. 这家工厂不大，可是能造飞机呢！
4. 这是中国最大的造船厂。

（二）动作行为的方向差异

比如"压/按"。"压/按"的差异主要有两个方面：一是"按"的动作是用手或手指，"压"的动作则可以是人的身体部位或其他东西。二是动作行为的方向不同，"压"的动作多指从上向下对物体施加压力；"按"的动作方向则不一定，可以是从上到下、从外到里或从前到后。

1. 她把球紧紧地压在身下，别人都拿不到。
2. 他按响了朋友家的门铃。
3. 他被重重的行李压弯了腰。
4. 他发现桌上那本书下压着一张纸条。
5. 他受伤后，一直用手按着伤口。

（三）动作行为的目的差异

比如"参观/游览"。"参观"的目的在于了解情况，"游览"的目的在于游玩。

1. 昨天我们游览了北海公园和长城。
2. 昨天我们参观了首都博物馆和北京大学。

（四）动作行为规模大小的差异

比如"动员/发动"。"动员/发动"都有让人同意参加某项活动的意思。不同之处在于，"发动"的人数和活动规模一般大于"动员"；对于规模较小、人数较少的活动，一般只能用"动员"。

1. 这次他只动员了两个人参加植树活动。
2. 他动员两个弟弟买车跑运输。
3. 他们已经动员/发动了几千人参加植树活动。
4. 一年中，这个区已动员/发动 10 万名志愿者参加安全知识宣传。

（五）动作行为对象的数量限制

比如"采购/买"。"采购/买"都有买东西的意思，不同之处在于："采购"要求的量一般较大；"买"则没有数量方面的要求，可以量大，也可以量小。同时，"采购"更多用于书面语，"买"则通用于口语和书面语。

1. 他去商店买了几支笔。
2. 公司每年都会采购大量的办公用品。
3. 他在公司负责采购方面的工作。

（六）动作行为的主观性和客观性倾向

比如"要/需要"。"需要"倾向于客观性的。"要"可以是主观性的，也可以是客观性的，不过更倾向于主观性的。比如，"我要带相机"倾向于表达主观意愿，"我需要带相机"倾向于表达客观需要，两个句子表意不同。

1. 在这里，你需要什么，可以告诉服务员。
2. 去那儿，坐火车需要两个小时。
3. 出差需要的东西都准备好了。
4. 这些东西，我现在已经不需要了，你拿走吧。

（七）动作行为是积极主动的还是消极被动的

比如"防止/避免"。"防止"强调动作行为的积极主动性，"避免"侧重动作行为的消极被动性。

1. 多喝水可以防止感冒。
2. 工作人员采取了各项措施，以防止疫情扩散。
3. 为了避免跟别人见面，他常常晚上出门。
4. 工作中发生困难是避免不了的。

（八）动作行为对施受双方性质的限制

比如"代替/替"。"代替"的施受双方可以是物与人、物与物、人与人；

"替"的施受双方只能是人与人,不能是物与物或者物与人。此外,"替"一般要说明替别人做什么,"代替"可以不说明做什么。

1. 你替他去参加活动吧。
2. 这次活动,他来不了了,我们得找人替他去。
3. 我们可以用国产货代替进口货。
4. 我开车,不能喝酒,就用茶来代替酒吧。
5. 他能力很强,在公司里没有人可以代替他。

(九) 动作行为对施受双方关系的限制

比如"称赞/表扬"。"表扬"的施受双方往往为上下级关系,"称赞"则不一定。

1. 这件事,朋友都称赞他做得对。
2. 他因为工作认真负责受到大家的称赞。
3. 因为这件事,父母表扬了他。
4. 他因为工作认真负责受到公司领导的表扬。

(十) 动作行为所包含的意义成分数目存在差异

比如"比较/比"。"比较"包含两个意义成分,即辨别对象的异同或高下;"比"包含一个意义成分,即辨别对象的高下。

1. 你比较一下,这两本书的内容有什么不同。
2. 这两张画,你比较一下就知道哪张是真的,哪张是假的。
3. 他跑得太快了,我不想跟他比。
4. 你们两个人比一下,看谁学得更好。

(十一) 动作行为的语气差异

比如"认为/觉得"。这两个词都可以表明说话人对某事的看法,不过,"认为"的语气比"觉得"更为肯定、更为正式。

1. 我认为你应该去。(说话人的语气很正式、很肯定。)
2. 我觉得你应该去。(说话人的语气比较委婉,显得不是特别肯定。)

(十二) 动作行为的人称限制

比如"肯/愿意"。当用于肯定形式时,"肯"往往用于第三人称,而"愿意"则无此限制。

1. 我不喜欢他，所以不愿意帮他。
2. 我愿意留下来陪她。
3. 无论怎么说，他都不肯/愿意帮我。
4. 这么贵的东西，你也肯/愿意借给我吗？

（十三）动作行为是施事还是受事的意愿

比如"领/带"。"领"可以体现为受事的意愿，也可体现为施事的意愿；"带"则较多体现为施事的意愿。

1. 客人一来，我就把他们领进来。
2. 你不认识路，我带/领你去吧。
3. 你把犯人带到派出所去。

（十四）动作力度的差异

比如"握/抓"。两个词都有用手抓住的意思，不过，一般"握"的力量大于"抓"。

（十五）动作着力点的差异

比如"举/提""碰/撞"。"举"的着力点在物体下方，"提"的着力点在物体上方。

"碰"的着力点在物体侧面，"撞"的着力点往往在正面。

（十六）动作行为是否具有趋向性

比如"拿/取"。"取"一定是双程的，"拿"可为单程也可为双程。

1. 这件衣服，我不要了，你拿走吧。
2. 请你帮我把那本书拿过来。
3. 你去办公室把那封信取回来。
4. 我要去银行取钱。

（十七）动作行为体现为一种结果还是一个过程

比如"遭到/遭受"。"遭到"更多地体现为一种结果，"遭受"更多地体现为一个过程。

1. 他的建议遭到了大家的一致反对。
2. 他向她求婚，但遭到她的拒绝。
3. 这些年，他遭受了很多打击，却一直很乐观。

195

4. 我遭受的很多痛苦，没有人知道。

（十八）动作行为是自主行为还是非自主行为

比如"掉/落"。一般而言，"掉"为非自主行为；"落"则可能为自主性行为，也可能为非自主行为。无法判定是否自主时，二者可互换。

1. 他不小心从楼上掉下来，摔伤了。

2. 一只鸟飞过来，落在他的肩头。

3. 发生事故了，听说有一架飞机从天上掉下来了。

4. 飞机稳稳地落在停机坪上。

5. 一片片叶子慢慢落在草地上，很美。

（十九）动作行为的习惯搭配不同

比如"采取/采用"。"采取"的搭配对象为"措施""步骤""原则""立场""态度""方针"等。

"采用"的搭配对象为"建议""方法""经验""技术""手段"等。

（二十）动作行为的适用范围不同

比如"增加/增长""痛/疼"。"增加"适用于数量方面，"增长"适用于程度和速度方面。

1. 今年学校的学生人数增加了200人。

2. 这几年这个城市的经济增长速度很快。

3. 政府决定今年要增加医疗卫生方面的投入。

4. 通过旅行，他了增长不少见识。

"疼"只指肉体方面，"痛"除肉体方面还可指精神方面。

1. 虽然过去一周了，但是伤口依然很疼。

2. 失恋给她带来的痛，很多年才消失。

第三节 同义动词的句法特征差异

一、动词的句式选择差异

(一) 动词用于主动句还是被动句

比如"见/看见"。"见"可用于主动句,但常用于被动句,尤其是无标记被动句。"看见"更多用于主动句,一般不用在无标记被动句中。

1. 这种情况最近很少见。
2. 市场上,这种东西很常见。
3. 我的书,突然不见了。
4. 这种情况最近我们很少看见。
5. 市场上,我们常常看见这种东西。
6. 我的书,你看见了吗?

(二) 动词常用于或能否用于某种句式

比如"答应/同意"。某种句式指一些特殊句式,如连动句、兼语句、双宾句、"把"字句、"被"字句等。汉语中,"答应"主要用于连动句,"同意"主要用于宾语从句。

1. 我答应孩子星期天不工作。(连动句,施事相同。意思是:我答应,我不工作。)
2. 父母没有答应帮孩子买房。(连动句,施事相同。意思是:父母没答应,父母帮孩子买房。)
3. 学校同意他办理入学手续。(宾语从句,施事不同。意思是:学校同意,他办理入学手续。)
4. 父母不同意我跟她结婚。(宾语从句,施事不同。意思是:父母不同意,我跟她结婚。)

(三) 动词有无特殊的格式限制

比如"上/到/去"和"供给/提供"。"上/到/去"中,"上/到"常用于

"~某个地方去"的格式,"去"则无此格式限制。

"供给/提供"中,"供给"常用于双宾语格式"供给某人某物","提供"常与介词结构连用,构成"为/给某人提供某物"的格式。

1. 我昨天上/到/去朋友家看书了。("朋友家"是某个地方,所以三个词都能用。)

2. 我刚才吃饭去了。(后面未出现处所,只能用"去"。)

3. 国家供给他们每月所需的口粮。

4. 国家为他们提供每月所需的口粮。

二、动词本身的语法限制

(一) 动词能否重叠

一般来说,单双音同义动词中,单音动词能够重叠,双音动词一般不能重叠。比如"降"能够重叠,"降低"不行。类似的还有"找/寻找""等/等待"等。

1. 这个标准能不能再降降。

2. 再等等吧,机会马上就会来的。

3. 你再找找,说不定就能找到呢。

(二) 动词为一向动词、二向动词还是三向动词

"向"是指跟动词相关的成分,汉语动词有一向的,有二向的,也有三向的。动词的"向"不同,受到的语法限制也不同,比如"骗/欺骗"。"骗"为三向动词,与之相关的成分有三个,即"骗人者""被骗者""所骗的东西"。"欺骗"则为二向动词,与之相关的成分只有两个,即"骗人者"和"被骗者"。

1. 他骗了我很多钱。(句中出现"他""我""钱"三向,不能用"欺骗"。)

2. 我骗他跟我一起出国。(句中出现"我""他""一起出国"三向,不能用"欺骗"。)

3. 做生意,你不要总是想着骗/欺骗顾客。(句中出现"我""顾客"两向。)

4. 我再也不会骗/欺骗你了！（句中出现"我""你"两向。）

（三）动词能否单独使用

比如"休息/歇"。"歇"一般不能单独使用，后面要加宾语、补语等其他成分；"休息"可以单独使用。

1. 我累了，想坐下歇/休息一会儿。（"一会儿"为补语。）
2. 今天我休息，不用工作。（单独使用，后面没有其他成分。）

（四）动作行为的时体要求

比如"认识/认得"。两个词都有了解一些情况的意思，不过"认识"可以用于已然和未然两种时态，"认得"则只适用于已然态。此外，"认得"还有"可以辨认出"的意思。

1. 这里变化太大，他已经不认得这个地方了。（意思是"认不出了"。）
2. 我认识/认得他，他就在一楼上班。（"我认识他"意思是"我和他见过面，知道他的情况"。"我认得他"意思是"我知道他是谁，可以认出他"。）
3. 我想认识他，你给我介绍一下吧。（"想"表示未然，还未发生，用"认识"。）

三、动词对宾语、补语的要求

（一）动词能否带宾语

比如"帮助/帮忙"。"帮助"后面可以带宾语，比如"帮助他人/朋友"；"帮忙"是离合词，后面不能带宾语，只能用于"给某人帮忙"。

（二）宾语是否有音节限制

比如"抄/抄写"。"抄"可带单音节、双音节、多音节宾语，比如"抄书""抄课文""抄古兰经"。"抄写"只带双音节或多音节宾语，比如"抄写课文""抄写古兰经"。

值得特别说明的是，单双音同义动词对宾语的音节限制不同是普遍现象。其他同义词，如"种/种植""练/练习"也是如此。"种树""种草""种花"中，"种"不能替换为"种植"，只能说"种植树木""种植花草"。"练字""练歌""练琴"中"练"不能用"练习"替换，只能说"练习汉字""练习

199

唱歌""练习弹琴"。

(三) 宾语性质的差异

宾语性质的差异主要表现为两类。一类是宾语为名词性的、形容词性的、还是动词性的，比如"做/作""习惯/适应"。另一类是宾语为双宾语、小句宾语还是处所宾语，比如"到达/到"。

"做/作"中，"作"一般带动词性宾语，如"作研究""作调查""作分析"等；"做"可以带名词性宾语，也可以带动词性宾语，如"做衣服""做饭""做作业"。

"习惯/适应"中，"适应"只能带名词性宾语，如"适应这里的生活""适应那里的交通情况""适应这里的气候"等；"习惯"可以带名词性宾语，也可以带动词性宾语，如"习惯这里的生活""习惯那里的交通情况""习惯早起""习惯一个人喝咖啡"。

"到达/到"中，"到"既能带时间宾语，又能带处所宾语，如"到北京""学到四点"；"到达"只能带处所宾语，如"到达北京"。

(四) 动词能否带补语

比如"变/变化"。"变"能带结果补语、程度补语、可能补语等，"变化"则一般不带补语。比如，"变大了""变红了""变得让人认不出来了""变不了"中，"变"不能换成"变化"。

值得特别说明的是，单双音同义动词中，单音动词能带补语、双音动词不能带补语的现象非常普遍。其他同义词，如"等/等待""练/练习""长/生长"也是如此。

1. 我都等了她三个小时了，再也等不了了。（"等"不能换成"等待"。）
2. 我今天已经练完琴，可以休息了。（"练"不能换成"练习"。）
3. 今年，这棵树长高了不少。（"长"不能换成"生长"。）

第四节 同义动词的色彩差异

据统计，汉语单双音节同义词中，近一半在语体色彩方面存在差异。

单双音同义动词在语体色彩上是如何分工的呢？是不是单音动词往往带有口语色彩，双音动词带有书面语色彩？还是正好相反呢？事实上，单双音动词的语体色彩差异往往与其使用频率有关，一般来说，使用频率高的词往往更具口语色彩。

据统计，从使用频率看，近一半的单双音同义词中，单音动词的使用频率高于双音动词，这说明单音动词的口语色彩更强，比如"帮/帮助""找/寻找""等/等待""唱/歌唱""飞/飞翔""陪/陪同""问/询问""种/种植"等。而另有近五分之一的同义词中，单音动词的使用频率低于双音动词，这说明在这些同义词中单音动词的书面色彩更强，比如"助/帮助""护/保护""禁/禁止""制/制造""植/种植""寻/寻找""思/思考""命/命令""获/获得""拒/拒绝"。其他单双音同义动词则没有明显的语体色彩差异。

小　结

对汉语同义动词的观察可以从三个方面入手：一是同义动词的词义差异；二是同义动词的句法特征差异；三是同义动词的语体色彩差异。

从词义方面来看，同义动词的差异主要围绕三个方面展开：动作的行为主体（即"谁做的"）、动作的关系对象（即"对谁做的"）以及动作方式（即"怎么做的"）。同义动词的词义差异是需要仔细分析和体会的。

同义动词的句法特征差异属于形式标志，是学习者最容易观察到的。同义动词的句法特征差异主要围绕三个方面展开：动词所在的句式类型、动词本身的语法限制（能否重叠、能否独立使用、有无时体限制等）以及与动词的共现成分（宾语、补语）。其中尤其值得关注的是，单双音同义动词在搭配组合上的音节限制差异最为普遍，也最为显著。

从语体色彩来看，一般来说，词汇难度等级较低的常用同义动词之间语体色彩分工不太明显；而词汇难度较高的同义动词，特别是单双音同义动词之间，语体色彩方面的差异比较突出。

第十二讲 现代汉语易混虚词的辨析视角[①]

第一节 关于易混虚词

语言中有实词也有虚词。实词有实际意义，比如名词、动词和形容词；虚词一般没有实际意义（即词汇意义），只有语法特点或语法作用，比如副词、连词、介词、语气词等。第二语言学习者产生混淆的词语有实词也有虚词。比如：

理由/原因（名词）　　帮/帮忙（动词）　　满意/满足（形容词）

逐步/逐渐（副词）　　从而/进而（连词）　　却/但是（连词）

对学习者来说，虚词之间发生混淆的原因很多。有时因为词义相近，比如"关于/对于""但是/却""显然/明显"；有时因为翻译用词相同，比如"突然/忽然"（suddenly）、"从/离"（from）；有时因为词形相似，比如"即/既""以致/以至"。发生混淆的虚词之间，有的词性相同，有的词性不同，比如"显然/明明"（形容词/副词）、"突然/忽然"（形容词/副词）、刚/刚才（副词/名词）。

上面的这些词语，你了解它们的不同吗？试试下面几个句子。

1. 他搬家时，朋友们都来帮他。（帮/帮忙）
2. 最近堵车很严重，可是没有人知道原因。（理由/原因）
3. 拥有一个幸福的家，他感到很满足。（满意/满足）
4. 我刚知道，他已经回国了。（刚/刚才）

[①] 本讲主要参考文献为：苏英霞. 汉语学习者易混虚词的辨析视角 [J]. 汉语学习，2010（2）：91-96.

5. 虽然工作很辛苦，他却不肯辞职。（却/但是）

"帮/帮忙"的主要差异在句法方面，"帮忙"后面不能带宾语，"帮"后面可以带宾语。"理由/原因"的主要差异在语义方面，"理由"常常是人们为做或不做某事提供的解释，"原因"是说明某种情况为什么出现。"满意/满足"的主要差异在语义方面，"满意"侧重对情况的认可，"满足"则既有对情况的认可，又有情感上的愉快接受。"刚/刚才"的差异在于词性和句法方面，"刚"是副词，只能作状语，"刚才"是时间名词。"却/但是"的主要差异在句法方面，"却"是副词，只能出现在小句主语后，充当句中的状语，"但是"是连词，可以出现在小句主语前。

对易混虚词进行全面辨析，不能只从词语本身的意义和功能入手，往往还需要把词语放到一个更大的语境中进行观察。常见的虚词辨析角度有三个：一是观察虚词本身；二是观察与虚词共现的成分；三是观察虚词所在的句子。

第二节　虚词语义层面的差异

一、虚词的语法意义不同

对易混虚词进行辨析，首先要看词语本身所表达的意思是否相同。有些虚词的语法意义不同，比如"即/既""以致/以至"。

"即"表示在某种情况下会怎么样，相当于"就"；"既"表示"已经"。

"以致"用在因果复句中表示"致使""导致"的意思；"以至"则是"到某种程度""甚至"的意思。

有些虚词的基本语义有相同之处，但侧重点不同，比如"悄悄/偷偷""逐渐/逐步""根据/按照""于是/所以"。

"悄悄/偷偷"都用来表示行动不为人知，但"悄悄"侧重动作没有声息，"偷偷"侧重行动隐蔽，不被人看见。

"逐渐/逐步"都用来表示程度或数量随时间而较慢地增大或减少，但"逐渐"重在表示变化的渐进性，即不是一下子完成，"逐步"重在表示变化的阶段性，即一步一步地完成。

"根据/按照"都可表示行为的依据,但"根据"重在"以……为前提和基础","按照"重在"照着做",即行为或行为结果与规定、要求等一致。

"于是/所以"有时可以替换,但"于是"表示的是顺承关系,"所以"表示的是因果关系。

比较下列句中的画线词语:

1. 他病了却一直不去医院,<u>以致</u>病越来越厉害了。
2. 他变化太大,<u>以至</u>连最好的朋友都认不出了。
3. 他总在妈妈不注意时<u>偷偷</u>看电视。
4. 朋友睡觉的时候,他总<u>悄悄</u>出门。
5. 休息了一个月之后,他的身体<u>逐渐</u>好起来了。
6. 政府正在想办法<u>逐步</u>改善农村的教育条件。
7. 你只要<u>按照</u>我说的做,就一定能减肥。
8. <u>根据</u>中国法律,酒后驾车的人会被暂扣驾驶证,并处罚款。

二、与虚词共现成分的语义特征不同

易混虚词之间的差异,有时表现在与虚词共现成分的语义特征存在差异,比如"简直/几乎"。"简直"常常与"太……了""……极了""……得不得了""……死了"等表示程度极高的成分共现,与"几乎"共现的成分一般表示具体数量或水平的词语。

请看下面几个句子:

1. 这次旅行一个月,我<u>简直</u>累死了!
2. 那个地方<u>简直</u>太好了!/美极了!
3. 我们<u>几乎</u>十年没见了。
4. 他的汉语水平<u>几乎</u>超过了所有人。

与"简直/几乎"类似的易混虚词还有:赶忙/赶紧;往往/常常;曾经/已经;于是/所以。这些虚词中,前者的共现成分一般是表明已然事件的"了"或表示过去的时间名词;后者的共现成分则可以是表示过去的时间,也可以是表示现在或以后的时间。因此,前者只能用于已然事件,后者既可以用于已然事件,也可以用于未然事件。

比较下面各句中的画线词语：

1. 下星期天气不太好，<u>所以</u>我不想出去跑步。
2. 他发现一个人玩儿没有意思，<u>于是</u>很快就回家了。
3. 现在太晚了，你<u>赶紧</u>回家吧。
4. 看见一条狗在那儿，他<u>赶忙</u>跑开了。
5. 这些年，你<u>曾经</u>去过什么地方？
6. 三年后再见面，你<u>恐怕</u>已经忘了我了。
7. 以后，我会<u>常常</u>去看你的。
8. 以前，父母和孩子之间<u>往往</u>因交流不多发生误会。

第三节　虚词语法层面的差异

一、与虚词共现成分的语法功能与语法分布

词性不同的虚词，其语法功能方面有时存在差异。比如：

"但是/可是/不过/倒/却"都可以表示转折，差异在于："但是/可是/不过"是连词，使用时应在主语前；"倒/却"是副词，使用时应在主语后。

"多亏/幸亏"词性不同。"多亏"是动词，后面可带"了"，必须带宾语；"幸亏"是副词，在句中作状语，多用在主语前。

"关于/对于"词性相同，都是介词，但句法分布不同："关于+N"作状语时，只能用在主语前；"对于+N"作状语时，用在主语前后都可以。"关于+N"还可以作定语。

请看下面几个句子：

1. 这里环境不错，<u>但是/可是/不过</u>房租有点儿贵。（用在主语"房租"前。）
2. 那里房租很合适，环境<u>却/倒</u>一般。（用在主语"环境"后。）
3. 今天<u>多亏</u>了你，不然工作肯定做不完。（后面有"了"和宾语"你"。）
4. 今天<u>幸亏</u>有你帮我，不然工作肯定做不完。（用在"有你帮我"前，作状语。）

5. 我对于中国历史不太了解。(介词短语用在主语"我"后面。)
6. 我喜欢看关于中国历史的书。(介词短语作定语。)

二、与虚词共现成分的语法特征

汉语中，词语音节的数目常常会影响到与之共现的成分。一般来说，单音词倾向于与单音词搭配，双音词倾向于与双音词搭配。这种搭配倾向不只适用于名词、动词、形容词等实词，也适用于副词、介词、连词等虚词。

在对单双音节的易混淆虚词进行辨析时，应该关注与之共现成分的音节特征。比如，"互/互相""按/按照""据/根据"三组词语之间的差异就与共现成分的音节有关。"互"后面多为单音动词，"互相"后面一般不用单音动词。同样，"按/按照""据/根据"的选择也都与搭配名词的音节数量有关。

请看下面几个句子：

1. 这项工作，我们会按时完成，按期完成。
2. 这项工作，我们会按照规定期限完成，按照规定时间完成。
3. 他和朋友关系很好，这几年一直互帮互学。
4. 他和朋友关系很好，这几年一直互相帮助，互相学习。
5. 据他说，情况并不严重。
6. 根据他的说法，情况并不严重。

第四节 虚词语用层面的差异

一、虚词的语义背景不同

虚词的语义背景是虚词使用的语义条件与环境。有些虚词之间的差异主要表现在语义背景的不同，比如"明明/明显/显然"。三个词都表示"肯定某种事实的存在"。不过，"明显/显然"是形容词，可以作谓语和状语，只用于"肯定某个事实存在"；而"明明"是副词，只能作状语，其使用的语义背景是：肯定某个事实存在，并对同时出现的"与事实不符的情况"表达质疑、反驳和愤怒。

请看下面几个句子：

1. 她这次考试进步很<u>明显</u>。（"进步"是事实，很容易看出来。）

2. 他今天一直在笑，<u>显然</u>因为比赛又赢了。（"笑"的原因是"比赛赢了"，这个事实很容易推断出来。）

3. 我看最好再准备一些菜，这些菜<u>明显/显然</u>不够。（"菜不够"是很容易看出来的事实。）

4. 菜<u>明明</u>不够，你怎么能说够呢？（"菜不够"是事实，"你说够"是错的，用"明明"表达说话人不理解的态度。）

5. 这件事<u>明明</u>不是我的错，他却怪我。真气人！（"不是我的错"是事实，"他怪我"是错的，用"明明"表达说话人气愤的态度。）

"明显/显然"的不同之处有两个：一是从句法功能上看，"明显"可以作谓语也可以作状语，"显然"一般作状语。二是从语义上看，"显然"肯定的可以是看出来的事实，也可以是推断出来的事实。"明显"肯定的一般都是看出来的事实。

二、虚词的语体色彩不同

虚词在语法意义相同时，语体色彩往往存在差异，有的主要用于书面语，有的主要用于口语或通用语。比如，由于/因为、因此/因而/所以、即使/就算/哪怕、如何/怎么、仍然/还是、无论/不论/不管这些词语，前者一般用于书面语，后者一般用于口语或通用语。

1. <u>由于</u>雪天路滑，今天出现多起交通事故。

2. 老师，我今天迟到，真的是<u>因为</u>堵车。

3. 这条路路况不好，<u>因而</u>需要减速慢行。

4. 这条路不好走，<u>所以</u>，你还是慢点儿开吧。

5. <u>即使</u>出现意外，我们也有能力快速处理。

6. <u>就算</u>没有你，我也一样能处理这件事。

7. 这件事，公司还未决定<u>如何</u>处理。

8. 这件事<u>怎么</u>处理，你说了算。

9. 三个月过去了，这个问题<u>仍然</u>未解决。

10. 以前不喜欢这种工作，现在我<u>还是</u>不喜欢。

11. 无论付出怎样的代价，公司都必须坚持这样做。
12. 不管有多难，我都会坚持这么做。

三、虚词适用的句子类型不同

对于容易混淆的虚词，适用的句子类型可能存在差异。有的主要适用于肯定句，有的则主要适用于否定句；有的主要适用于陈述句，有的则主要适用于疑问句。比如"从/从来""或者/还是"。

"从"只能用于否定句；"从来"可以用于否定句，也可用于肯定句。请看下面的句子：

1. 他从/从来不吸烟、不喝酒。
2. 他从来都是这样，每天很早就起床。

"或者"主要用于叙述句，"还是"则主要用于疑问句。请看下面的句子：

1. 你今天来或者明天来，都可以。
2. 你今天来还是明天来？
3. 去还是不去，你说了算。

句3的意思是："去还是不去"这个问题，你来决定。这里的问题是疑问句，因此用"还是"。

四、虚词所在句子的隐含意义不同

隐含意义是句子表面意思之外包含的意思。有时，虚词之间的差异就表现在所在句子的隐含意义不同，比如"差不多/几乎""光/只"。

"差不多/几乎"都可以表示接近某个数量或水平。不过，用"几乎"时，句子往往含有程度高的意思；用"差不多"时，句子则单纯表示接近某个数量或水平。

请看下面的句子：

1. 昨天有多少观众？——差不多有100人。
2. 昨天的观众太多了，几乎有1万人了。
3. 从这儿到那儿，走路差不多需要五分钟。
4. 从这儿到那儿，走路几乎需要两个小时，还是坐车去吧。

句1和句2都说明观众的人数。句1只是单纯地回答人数大概有多少，因此用"差不多"；而句2中用"几乎"，不只说明人数大概有多少，更强调"观众太多了"，隐含程度高的意思。同样，句3和句4都说明走路去需要的大概时间，句3只是单纯说明大概的时间，而句4用"几乎"不只说明大概时间，更强调时间太长，隐含程度高的意思，因此才要"坐车去"。

"光/只"的英译词都是 only，但使用两个词时，句子隐含的意思有些不同。用"只"的句子，一般强调数量少；用"光"的句子则含有"不/没做什么"的意思，表达的重点也是没做或不做什么，不是做了什么，"光……不/没……"因此成为一种常见格式。

请看下面的句子：

1. 你别光看着呀，快来帮帮忙！
2. 他这个人，光说不做，没人相信他。
3. 他这次来北京，只去了长城一个地方。
4. 这顿饭真便宜，只花了我十几块钱。

句1、句2都强调"不/没做什么"的意思，句1强调"不帮忙"，句2强调"不做"，因此用"光"。句3、句4则只表明"去的地方少""花的钱少"，因此用"只"。

五、虚词所在句子的表达功能不同

句子的表达功能是指句子什么时候用、用于什么目的。虚词之间的差异有时表现在所在句子的表达功能方面，比如"于是/所以""而且/再说"。

"于是"和"所以"都可以用来连接前后两个分句。"所以"主要用于说明或解释原因的句子中，前后两个分句说明的情况具有因果关系。"于是"主要用于叙事句中，前后两个分句说明的两种情况在时间上是相继出现的。时间上相继出现的情况会被认定为因果关系，即先出现的情况为原因，后出现的情况为结果，因此使用"于是/所以"时会发生混淆。

请看下面的句子：

1. 昨天他回到家，发现水果吃完了，于是去超市买了一些苹果回来。
2. 朋友生日那天，我见到一个女孩，聊得很开心，于是要了她的电话。
3. 老师，对不起，路上堵车，所以我今天迟到了。

4. 昨天风很大，<u>所以</u>很多人没有出门。

句1、句2是一般叙事句，分别讲述"昨天他回到家"以后和"朋友生日那天"发生的情况，表义凸显的是前后两种情况在时间上相继出现，因此用"于是"；句3、句4是为了说明"迟到"和"很多人没有出门"的原因，因此用"所以"。

"而且"和"再说"都可以用来连接前后两个具有递进关系的分句。二者的不同之处在于所在句子的表达功能不同。用"再说"的句子常常用来说明原因或理由，后面常常有相应的结论；"而且"则没有这种限制，只要是具有递进关系的两个分句，都可以用"而且"来连接。

请看下面的句子：

1. 那儿有山有水，<u>而且/再说</u>交通也很方便，我们去玩玩吧。
2. 这的东西挺贵的，<u>而且/再说</u>质量也一般，还是去别处看看吧。
3. 他会说法语，<u>而且</u>说得非常好。
4. 他不但会唱歌，<u>而且</u>会跳舞。

句1、句2都由三个分句组成，前两个分句具有递进关系，与第三个分句具有因果关系，第三分句的结论就是根据前两个分句的情况得出的，因此用"而且""再说"都可以。而句3、句4只说明两种具有递进关系的情况，后面未出现结论，因此只能用"而且"，不能用"再说"。

小　结

对第二语言学习者来说，虚词总会因相互之间存在某种关联而产生混淆。与实词不同，虚词的意义是抽象的语法意义，功能往往与其共现成分和所在句子有关。因此，对易混虚词的辨析只从虚词本身的意义和功能入手是远远不够的，还需要把虚词放到更大的语境中进行观察，需要观察虚词的共现成分以及虚词所在的句子。

正是在这种更大的语境中才有机会发现，有些虚词共现成分的语义特征不同，有些虚词共现成分的语法功能不同；有些虚词意义背景不同，有些虚词语体色彩不同，有些虚词适用的句子类型不同；有些虚词所在句子的隐含意义不同；有些虚词所在句子的表达功能不同。总而言之，易混虚词的辨析原则就是扩大观察范围，将视线放到更大的语境中，而不是仅仅局限于虚词本身。

补充资料 "于是/所以"的异同

"于是/所以"都是连词，可以连接前后两个分句。二词的差异可从五个角度进行观察：

第一，从前后两个分句的关系看，"于是"连接的前后两个分句之间为顺承关系，即一件事发生后接着发生了另一件事；"所以"连接的两个分句之间为因果关系。

第二，从事件发生的时间上看，"于是"一般用于已然事件，即已经发生的事；"所以"可以用于已然事件，也可用于未然事件，即还没有发生的事。

第三，从所使用的句式上看，"于是"不能用于祈使句，"所以"没有这种句式上的限制。

第四，从语用上看，"于是"主要用于叙事，"所以"主要用于说明或解释原因。

第五，从语体上看，"于是"具有一定的书面语性质，"所以"通用于书面语和口语。

需要指出的是，"于是/所以"的上述差异并非各自孤立，而是相互关联的。比如，"于是"主要用于叙事，所以其所连接的前后分句在时间上接续，为顺承关系。同时，叙事对应的事件往往是已经发生的事，与表达命令、指示、请求等主观意愿的祈使句表达功能相悖。

总之，像很多易混虚词一样，"于是/所以"之间的差异较为复杂，不只体现在一个方面，只有从不同角度尝试进行观察，才能准确把握其使用条件和使用语境。

参考文献

[1] 利奇. 语义学 [M]. 李瑞华, 王彤福, 杨自俭, 等译. 上海: 上海外语教育出版社, 1987.

[2] 常敬宇. 汉语词汇与文化 [M]. 北京: 北京大学出版社, 1995.

[3] 程娟, 许晓华. HSK 单双音同义动词研究 [J]. 世界汉语教学, 2004 (4): 43-57.

[4] 董秀芳. 整体与部分关系在汉语词汇系统中的表现及在汉语句法中的凸显性 [J]. 世界汉语教学, 2009 (4): 435-442.

[5] 房玉清. 实用汉语语法 [M]. 北京: 北京语言学院出版社, 1992.

[6] 符淮青. 现代汉语词汇学 [M]. 增订版. 北京: 北京大学出版社, 2004.

[7] 葛本仪. 现代汉语词汇学 [M]. 修订本. 济南: 山东人民出版社, 2011.

[8] 谷亚男, 王继中. 东北方言词的语言强势初探: 以《现代汉语词典》新增东北方言词为例 [J]. 宁夏大学学报 (人文社会科学版), 2013 (3): 30-34.

[9] 国家汉语水平考试委员会办公室考试中心. 汉语水平词汇与汉字等级大纲 [M]. 修订本. 北京: 经济科学出版社, 2001.

[10] 蒋向勇, 邵娟萍. 现代汉语缩略语生成的避歧原则及其认知理据 [J]. 湖南社会科学, 2016 (1): 211-213.

[11] 蒋向勇. 现代汉语缩略语构造的取首原则及其认知理据 [J]. 湖北大学学报 (哲学社会科学版), 2015, 42 (5): 75-79.

[12] 李珊. 动词重叠式研究 [M]. 北京: 语文出版社, 2003.

[13] 刘春梅. HSK 表人同义名词的辨析角度 [J]. 湖南师范大学社会科学学报, 2006 (5): 108-112.

[14] 刘春梅. 现代汉语单双音同义名词的主要差异 [J]. 华中师范大学学报 (人文社会科学版), 2006 (1): 128-132.

［15］刘叔新．汉语描写词汇学［M］．北京：商务印书馆，1990．

［16］刘叔新，周荐．同义词语和反义词语［M］．北京：商务印书馆，1992．

［17］陆俭明．现代汉语语法研究教程［M］．3版．北京：北京大学出版社，2005．

［18］詹伯慧，伍巍，甘于恩．第八届国际粤方言研讨会论文集［C］．北京：中国社会科学出版社，2003．

［19］苏新春．关于《现代汉语词典》词汇计量研究的思考［J］．世界汉语教学，2001（4）：39-47．

［20］苏英霞．汉语学习者易混虚词的辨析视角［J］．汉语学习，2010（2）：91-96．

［21］万艺玲．汉语词汇教程［M］．北京：北京语言大学出版社，2000．

［22］王惠．现代汉语名词词义组合分析［M］．北京：北京大学出版社，2004．

［23］王珏．植物名词的分类及其语义和语法区别［J］．世界汉语教学，1998（1）：47-53．

［24］《现代汉语常用词表》课题组．现代汉语常用词表（草案）［M］．北京：商务印书馆，2008．

［25］许晓华．HSK甲乙级动词同义组辨析方式分析与探讨［D］．北京：北京语言大学，2003．

［26］许晓华．汉语比喻造词中名词性喻指成分属性义研究［M］．北京：首都经济贸易大学出版社，2016．

［27］中国社会科学院语言研究所词典编辑室．现代汉语词典［M］．7版．北京：商务印书馆，2016．

［28］周光庆．从认知到哲学：汉语词汇研究新思考［M］．北京：外语教学与研究出版社，2009．

［29］周祖谟．汉语词汇讲话［M］．北京：外语教学与研究出版社，2006．